JN426829

영어학의 이해

영어학의 이해

인 쇄 ‖ 2022년 11월 30일
발 행 ‖ 2022년 11월 30일

지은이 ‖ **안미진**
발행인 ‖ **김선재**
발행처 ‖ 배재대학교 출판부
35345 대전광역시 서구 배재로 155-40(도마동)
전 화 ‖ 042-520-5657
팩 스 ‖ 070-4850-8407
홈페이지 ‖ http://library.pcu.ac.kr/press

ISBN 978-89-6332-137-0
가격 17,000원

※ 이 저서는 2022학년도 배재대학교 교내학술연구비 지원에 의하여 수행된 것임.
※ 파본은 교환해 드립니다.

인문 · 외국학도서 94

영어학의 이해

Understanding English Linguistics

안미진

배재대학교 출판부

영어학의 이해

ⓒ 배재대학교 출판부, 2022

차 례

언어

1.1 문자와 소리

언어(language)란 인간이 사용하는 의사소통의 매개체로서 임의적인 (arbitrary) 음성기호의 체계로 이루어져 있다. 사람의 입을 통해서 나온 소리를 통해서 사회공동체의 구성원들이 자유롭게 의사소통을 한다. 사용하는 말소리는 의미를 가지며, 이 말소리는 정해진 규칙에 따라 조합되어 발화된다. 언어는 말소리라는 상징(symbol)과 말소리를 조합하는 규칙 (rule/grammar)으로 이루어져 있다. 말소리를 상징이라고 보는 것은 말소리와 말소리가 가지는 의미의 관계가 필연적이 아니라 자의적인 것이므로 상징적이라는 것이다. 영어에서는 나무의 의미를 [tri:]라는 소리로 전달하지만 한국어에서는 같은 의미가 [namu]라고 전달된다.

(1) 상징(symbol)

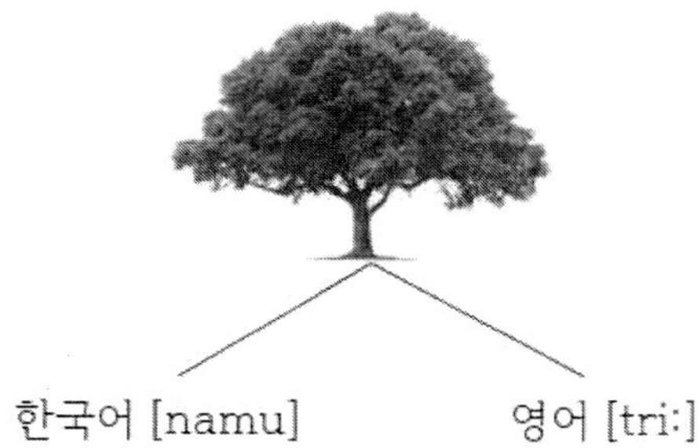

의미와 상징의 관계가 임의적인 것이기에 각 사회마다 특정 의미를 표현하는 말소리는 다를 것이다. 또한 의사소통을 위해서는 이러한 자의성을 띄는 말소리가 무작위로 나열되는 것이 아니라 규칙(rule)에 의해 적절히 배열되어야 한다. 적절히 배열되지 않은 말소리는 의사소통에 지장을 초래한다. 즉, 상징과 규칙이 인간 언어의 필수 요소이다. 말소리가 아니라 손을 사용하여 의사를 전달하는 수화(sign language)도 손의 움직임을 통한 상징과 규칙을 지니는 인간 언어의 한 형태이다.

17세기 철학자 데카르트(Descartes)는 인간만이 정신과 언어를 가지고 있다고 생각했다. 정신과 언어로 인해 인간은 다른 동물과 구별되는 존재라는 것이다. 그러나 동물들도 나름대로의 신호체계를 가지고 상호 의사소통을 한다. 꿀벌, 새, 침팬지, 고릴라의 의사소통 방법은 이미 많은 연구를 통해 잘 알려져 있다. 그렇다면 동물의 의사소통(animal communication) 신호와 인간의 의사소통 신호인 언어와는 무엇이 다른지, 어떤 차이가 있는지 살펴보자.

꿀벌도 사회공동체를 이루며 상호간에 의사소통을 하는 것으로 잘 알려져 있다. 꿀을 발견한 벌은 동료들에게 돌아와 꿀이 있는 위치와 꿀의 종류를 자신의 움직임으로 알려준다고 한다. 이탈리아에 사는 꿀벌은 먹이가 근처에 있으면 원형으로 돌고, 먼 거리에 있으면 꼬리를 흔들며 돈다고 한다. 또한 꼬리 흔드는 동작에서 1분 동안 반복되는 동작의 수는 정확한 거리를 나타내며, 반복 속도가 느릴수록 거리가 멀다는 것을 나타낸다고 한다. 이처럼 벌의 움직임은 그들만의 의사소통 체계이다. 그러나 인간의 언어와 달리 그들의 신호체계는 먹이나 생존에만 관련된다.

침팬지나 고릴라와 같은 영장류도 무리를 지어 생활하면서 그들의 서식지에서 시각, 청각, 촉각 신호를 통해 의사소통한다. 이들 신호는 그들의 환경이나 감정 상태와 관계되는 의미를 지니며, 위험을 알릴 수 있고, 그들 간의 공격과 복종의 의미를 전달한다고 한다. 하지만 그들의 메시지와 유형은 고정되어 있고 인간처럼 다양한 방식으로 조합되어 사용되지 않는다.

영장류가 인간이 지닌 복잡한 언어체계를 습득할 잠재적 능력이 있는지 알아보기 위해 많은 연구가 이루어졌다. 초기 실험에서 침팬지를 인간의 아이들과 같이 키우면서 언어 습득 환경을 만들어 주었으나 몇 개의 개별 어휘는 이해하나 인간처럼 단어를 소리 내어 표현하지는 못했다. 뒤이어, 소리를 배제한 수화를 몇몇 침팬지나 고릴라에게 가르쳤는데, 이들은 수백 개의 어휘를 인지했으며, 습득한 어휘를 연결하여 표현하기도 하였다. 그러나 인간에게 집중 교육을 받은 침팬지나 고릴라가 보여준 의사소통은 여전히 인간의 의사소통과는 달리, 훈련받은 어휘를 제한적으로 사용할 뿐이었다.

새들 중에서 앵무새는 인간의 구강 구조와 다름에도 불구하고 인간의 말소리를 흉내 낼 수 있다. 알렉스라는 앵무새는 학습을 통해 인간의 언어를 모방할 뿐 아니라 수리 능력, 사물의 크기를 구분하는 능력, 심지어 추론 능력까지 학습했다고 한다. 하지만 그들의 학습은 주어진 조건에 일정하게 반응하는 행동일 뿐이다. 이렇게 훈련을 통해 몇 몇 종류의 동물들에게 언어를 제한적으로 학습시키는 것은 가능하지만 그들의 학습된 언어 사용은 인간의 언어 사용과는 근본적으로 다르다.

동물의 의사소통 신호가 제한적인 의미전달과 제한적인 신호체계를 가지고 있다면, 인간의 의사소통 수단인 언어는 어떤 특징을 가지고 있는가? 인간의 언어도 제한된 수의 상징과 규칙을 사용하는 것이 동일하다. 하지만 인간의 언어는 제한된 수의 상징과 규칙을 사용하여 무한한 수의 다양한 메시지를 전달할 수 있다. 이 차이점은 변위성(displacement)과 창조성(creativity)으로 나뉘어 설명될 수 있다. 첫째, 언어의 변위성이란 언어가 전달하는 메시지가 거리, 시간, 공간의 조건에 제한되지 않는다는 것이다. 인간의 언어는 현재의 사실에 대해서만 기술하는 것이 아니라 과거나 미래의 사실이나 결코 일어날 수 없는 사건이나 개념에 대해서도 의미 전달이 가능하다. 동물의 언어에서는 "나 어제 뒷동산에 갔어." 혹은 "나 내일 바다에 가서 수영을 할 거야."라는 문장은 존재하지 않는다. 인간의 언어는 현재에 보이지 않는 과거의 사건에 대해서 또는 현재에는 알 수 없는 미래의 일에 대해서 그리고 사실과 관계없는 상상이나 꿈에서 일어난 일도 전달한다. 이러한 시공을 초월한 의사 전달은 동물의 신호체계에는 존재하지 않는다.

둘째, 언어는 창조성을 가진다. 동물들 간의 의사소통 신호는 형식이나 수에 있어서 매우 한정적이다. 반면, 인간의 언어는 유한한 수의 상징과 규칙으로 무한한 수의 메시지와 문장을 생성해 낼 수 있다. 인간은 자신이 듣거나 말해 본 문장만을 그대로 구사하는 것이 아니라, 자신이 한 번도 들어보거나 말해 보지 않은 새로운 유형의 문장으로 언어를 구사할 수 있다. 이는 동물의 언어와 달리 인간이 가진 언어는 창조성을 지니고 있기 때문이다. 어린 아이는 언어를 배울 때 자기가 부모, 가족, 주위 사람들에게서 들었던 말만을 그대로 하지는 않는다. 언어를 습득하고 난 뒤는 자기의 생각을 자신만의 문장으로 말한다. 이러한 언어의 창조성으로 하나의 의미를 전달할 때도 한 가지 유형이 아니라 여러 가지 다양한 문장으로 말을 할 수 있다. "나 밥 먹고 싶어"라는 뜻을 "나 배고파"라거나 "점심시간이네!" "넌 배고프지 않아?"라는 문장으로도 전달할 수 있다. 인간은 문장을 외워서 말을 하는 것이 아니라 언어가 가진 규칙에 따라 무한한 수의 문장을 생성할 수 있기 때문이다. 또한 이러한 언어의 창조성은 한 언어 내에서 가장 긴 문장이란 것을 정할 수 없게 한다. (2)에서 보듯이, 인간은 어떤 문장에 대해서도 그 보다 더 긴 문장을 생성해 낼 수 있기 때문이다.

(2)

a. I went to school.

b. I went to school yesterday.

c. I went to school yesterday with my brother.

d. I went to school yesterday with my brother, who is a teacher.

e. I went to school yesterday with my brother, who is a Math teacher.

f. I went to school yesterday with my brother, who is a Math teacher working in Seoul.

이러한 언어의 변위성과 창조성은 다른 동물들의 의사소통 수단과는 확연히 구별되는 특징들이다. 그렇다면, 이렇게 다양하고 복잡하고 시공을 초월하는 의미를 전달하는 수단인 인간의 언어는 언제부터 어떻게 인간에 의해 사용되었을까? 1.2에서는 인간 언어의 기원에 대해서 살펴본다.

【연습문제】

1. "언어는 말소리라는 상징과 말소리를 조합하는 규칙으로 이루어져 있다."라고 할 때, 말소리를 왜 '상징'이라고 규정하는가?

2. 벌의 의사소통 방법에 대해 설명하시오.

3. 인간 언어의 고유한 특징으로 간주되는 변위성과 창조성에 대해 설명하시오.

1.2 언어의 기원

언어란 인간의 언어가 언제 어떻게 시작되었는지에 대해서는 다양한 견해가 있다. 비교적 최근(5-10만 년 전)에 급작스럽게 발생했다는 가설과 인류의 초기 조상인 호모 에렉투스(200만 년 전)에서부터 시작되어 느린 진화를 거쳤다고 보는 입장이 대표적이다. 하지만 지금까지 인간의 초기 언어의 모습에 대한 직접적인 물리적 증거는 없다. 따라서 언어의 기원에 대한 가설들은 추측이라고 할 수 있지만 언어의 본질과 발달에 관한 통찰을 제공한다. 지금부터는 언어의 기원에 대한 7가지 대표적인 가설 — 신수설, 자연음 기원설, 사회적 상호작용설, 신체 적응설, 도구 제작설, 언어 유전자설, 문화적 도구설 — 들을 차례로 살펴본다.

1.2.1 신수설

모든 문화에는 종교와 신화가 있으며, 언어의 기원에 대한 가설도 이러한 종교와 신화와 관련이 되어 있다. 대표적인 예로서 기독교 구약성경의 창세기에 따르면, 하나님이 흙으로 온갖 짐승들과 새들, 그리고 인간인 아담을 빚어 만드시고, 인간인 아담이 그 생물들을 부르는 소리가 그들의 이름이 되게 하였다라고 명시되어 있다. 이에 근거하여, 인간의 언어는 신이 부여했다고 보았다. 이와 유사하게, 힌두교에서도 우주의 창조주인 브라마의 아내, 사라스바티(Saraswati) 여신이 언어(Sanscrit)를 인간에게 주었다고 보았다. 이집트인들은 토트(Thoth)신이 언어의 창조자이며, 바빌로니아인들에게는 나부(Nabu)신이 그들의 언어의 창조자이다. 이렇게 신의 능력으로 인간이 태어나면서부터 언어를 구사할 수 있게 되었다고 보는 것이 신수설(Divine source)이다.

신수설을 입증하기 위한 대표적인 실험들이 있었다. 이 실험들은 수많은 언어 중에 신이 인간에게 준 최초의 언어가 어떤 언어인지를 밝히기 위해서 출발하였다. 2500년 전 이집트의 황제 프삼메티쿠스(Psammetichus)는 인간의 언어가 전혀 사용되지 않는 환경에 두 신생아를 자라게 한 뒤, 그 환경에서 아이들이 어떤 언어를 사용하는지 확인하고자 하였다. 특정 언어의 환경에 영향을 받지 않은 아이들이 구사하는 언어가 바로 신이 준 언어라는 전제 하에 실험을 한 것이다. 그 실험의 결과에서는 두 신생아가 산 속에서 말 못하는 양치기에게 2년간 양육되고 난 후 내뱉은 최초의 단어가 프리지아어(Phrygian)로 '빵'이라는 뜻을 가진 'bekos'였다고 한다. 그 결과에 따라 그는 신이 준 최초의 인간 언어는 프리지아어라고 단정했다. 하지만, 후세의 사람들은 'bekos'의 'be-'는 아이가 양들과 자라면서 들은 양의 울음소리인 'be-'이며, '-kos'는 그리스어 단어의 어미에 불과하다고 추측한다. 즉, 프리지아어와 무관하다는 것이다. 또 다른 유사한 실험은 1500년경 스코틀랜드의 제임스 4세에 의해 이루어졌으며, 언어에 노출되지 않은 아이가 히브리말을 구사했다는 상이한 결과가 보고되었다고 한다. 이러한 최초의 언어를 찾는 실험에 대한 서로 다른 결과들은 오히려 신이 준 최초의 언어가 존재한다는 전제에 대한 반증이라고 볼 수 있다.

최근에는 인위적인 실험이 아니라 이들 실험과 유사한 환경에서 고립되어 생존한 아이들이 자연에서 발견된 사례가 보고되었다. 이 아이들의 경우에 특정 언어를 구사하는 것이 아니라 인간의 언어를 전혀 구사하지 못하였다. 잘 알려진 도서인 <정글북>은 실화에 근거했는데, 이 책이 출간되기 20여 년 전인 1867년 북부 인도에서 한 아이가 늑대 무리와 함께 발견되었다. 그는 인간의 말을 전혀 하지 못하고 늑대처럼 울부짖기만

했으며, 날고기만 먹고, 사람들과 제대로 관계를 맺지 못했다. 유사한 사례가 칠레에서 개와 함께 발견된 아이, 러시아에서 염소와 발견된 아이, 개와 고양이로부터 돌봄을 받아 생존한 아이 등, 이들 모두는 인간의 말을 전혀 하지 못하고, 함께 했던 동물들의 울음소리만을 낼 뿐이었다. 이러한 결과들은 인간이 사회 속에서 언어에 노출된 상태에서는 언어를 구사하지만, 그렇지 않은 경우에는 언어를 구사할 수 없다는 사실을 말해준다. 즉, 태어날 때 신이 준 언어를 가지고 태어난다는 가설은 입증되지 않는다고 볼 수 있다.

바벨탑 이야기

바벨탑(Tower of Babel)은 구약성경에 고대 바빌로니아 사람들이 건설했다고 기록된 전설속의 탑이다. 창세기에 따르면, 그때는 온 세상이 한 가지 말을 쓰고 있었다. 사람들이 동쪽으로 이주하여 비옥한 시날 지방에 정착하면서, 그 지역에서 생산되는 역청을 가지고 벽돌을 빚어 도시를 세우고 하늘까지 닿을 수 있는 탑을 쌓아 인간의 훌륭함을 자랑하려 하였다. 하지만 하느님이 인간의 오만함을 보고 노여워하였고, 인간이 하나의 공통된 언어를 쓰니 서로 단합하여 오만함으로 하늘 가까이 오르려한다는 판단에서 인간의 언어를 여러 개로 만들어 인간들이 서로가 소통할 수 없게 하였다고 한다. 그리하여 사람들은 도시와 탑을 세우던 일을 그만 두었고, 온 세상은 서로 다른 말을 하는 사람들이 흩어져 살게 되었다고 한다.

1.2.2 자연음 기원설

자연음 기원설(Natural source)은 인간의 언어가 최초에는 모방적이고 의성적이었다는 가설이다. 인간 주변에 있던 새가 '뻐꾹뻐꾹(coo-coo)' 하고 날아가면 인간이 그 소리를 모방하여 그 사물을 지칭하는데 사용함으로써 언어가 출발하였다는 것이다. 즉, 사물이 가진 자연음이 그 사물을 지칭하는데 사용됨으로써 언어가 만들어졌다는 것이다. 현대 언어에도 자연적으로 생기는 음을 모방하여 생긴 수많은 단어들이 존재한다. 예를 들어, 'bang,' 'bow-wow,' 'boom,' 'buzz,' 'hiss,' 'ping,' 'sizzle' 같은 단어들이 그러하다. 영어 이외의 여타 언어에도 이런 의성어(onomatopoeia)가 존재한다. 그러나 언어의 출발이 자연음의 모방에서 출발했을 수는 있지만, 이러한 의성어는 현재 언어의 극히 일부에 지나지 않는다. 대부분의 언어는 소리와 무관한 많은 사물들을 지칭하며, 또한 추상적인 개념도 표현한다는 점을 설명하기에는 충분하지 않다.

또 다른 자연음 기원설은 인간의 다양한 감정 — 화, 고통, 기쁨 등 — 에 따라 발생하는 자연적인 소리에서 출발하여 인간의 언어가 발생했다는 가설이다. 예를 들어, 'Ouch'는 아플 때 내뱉는 자연스러운 소리에서 발생했다고 본다. 하지만 이러한 감정에서 순간적으로 발생하는 소리를 나타내는 'Ah!,' 'Ooh!,' 'Wow!' 같은 단어들은 모두 숨을 들이 마시면서 발생하는 들숨(inhaled breath)의 결과이다. 따라서 학자들은 인간의 대부분의 말소리가 공기를 입 밖으로 내뱉는 날숨(exhaled breath)에 의해 만들어진다는 점에서 감정에 의해 들숨으로 만들어진 소리가 언어의 기원이 되었다는 가설도 충분하지 않다.

1.2.3 사회적 상호작용설

사회적 상호작용설(Social interaction source)은 자연음과 연관되어 있다. 이 가설은 여러 사람과 어울려서 상호 작용이 있는 육체적 노동을 하면서 내뱉은 소리가 인간 언어의 출발점이라는 것이다. 초기의 인간들이 함께 모여 살면서 죽은 맘모스나 큰 나무 등을 들거나 옮길 때 내는 소리들이 발전하여 언어가 되었다는 것이다. 이 가설에서 중요한 것은 인간 언어의 발달이 다른 동물들의 공격으로부터 스스로를 보호하기 위해 무리를 지어 생활하는 사회적인 상황에 주어졌을 때부터 시작되었다는 것이다. 사회는 조직 체계이고 이러한 사회생활을 해 나가기 위해서는 의사소통이 필수적이며 이런 의사소통을 적절히 하기 위해서는 나름대로의 의사소통 규칙이 있었음이 분명하다. 즉, 사회적 상호작용은 인간이 언어를 발달시키는데 필수적인 요소임에는 틀림없다. 하지만 사회적 상호작용이 인간 언어 발달의 충분조건이 아니라는 것은 사회생활을 하는 다른 동물들을 비교해 봄으로써 알 수 있다. 원숭이 등 다른 영장류도 인간들처럼 사회생활을 하며 상호작용을 하고 사회적인 의사소통 신호들을 가지고 있지만 인간 언어와 같은 발전된 의사소통 수단을 지니고 있지는 않다. 따라서 사회적 상호작용설 또한 언어 기원에 관해 충분한 설명을 제시하고 있지 않다.

1.2.4 신체 적응설

신체 적응설(Physical adaptation source)은 인간이 현재의 언어를 구사할 수 있게 된 것은 인간이 진화 과정을 통해 언어를 구사할 수 있는 신체를 갖추게 되었기 때문이라는 가설이다. 먼저, 진화과정에서 인간의 조상들이 네 발을 사용하다가 직립 보행을 하게 되는데, 이 직립보행은 인간의 언어 발달에 지대한 영향을 준다. 직립 보행으로 머리의 위치가 척추와 평행하다가 척추 위에 위치하게 됨으로써, 목에 위치한 후강(성대를 포함한 소리상자)이 아래로 내려가게 된다. <그림 1>에서 보듯이, 이러한 후강(larynx)의 위치 변화는 말소리의 울림통 역할을 하는 인강(혀 뒷부분에서 후강까지의 공간)을 확장시켰고, 인간은 이 확장된 인강(pharynx)을 사용하여 더 명확한 말소리를 생성하게 된 것이다.

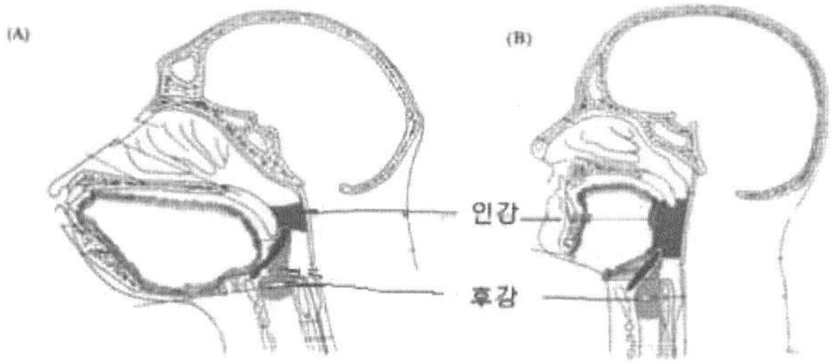

<그림 1> 유인원과 인간의 인강, 후강 구조 비교

또한 진화에 따른 구강 구조의 변화도 인간의 자유로운 언어 구사를 가능하게 한 요인이라고 본다. 유인원의 치아가 비스듬히 밖으로 기울어져 있고 치아의 길이가 들쑥날쑥하여 음식을 떼어내고, 찢기가 쉬운 반면, 인간의 치아는 곧게 서 있고 그 길이가 균일하여 음식를 갈고 씹어 먹기에 좋게 발달되어 있다. 이러한 치아 모양은 인간의 말소리에서 [f]나 [v]와 같은 순치음을 생성하는 좋은 환경이 된다. 그리고 인간의 입술(lips)은 다른 영장류의 입술과 비교해 보면 섬세한 근육으로 이루어져 유연하며 [p]나 [b]와 같이 입술을 사용하는 소리를 만드는데 적합하다. 그리고 다른 영장류에 비해 입(mouth)은 크기가 작아서 빠르게 열고 닫을 수 있고, 혀(tongue)는 작고 두껍고 근육이 발달해 있어서, 구강에서 다양한 소리를 빠르게 만들어 낼 수 있게 되었다. 또한 목젖의 움직임을 이용해

인간은 허파에서 올라오는 공기를 구강이 아닌 비강으로 배출할 수 있어서 비음을 생성해 낼 수 도 있다. 이렇게 진화된 인간의 구강 구조는 현대 인간의 말소리를 자유롭게 구사하는데 도움이 된다.

신체 적응설은 인간이 오랜 기간 신체적 진화를 통해 언어 구사를 위한 신체적인 특성들을 갖추게 되었고, 이 신체적 특성 때문에 현재의 다양한 말소리를 구사할 수 있게 되었다는 것이다.

1.2.5 도구 제작설

신체 적응설을 보면 인간의 신체 기관이 진화함에 따라 본래의 기능에 더하여 언어와 관련된 기능을 가지게 된다. 예를 들면, 이빨이나 입술은 씹거나 흡입하는데 사용되었다면 인간이 말을 하면서 소리를 만드는데 결정적인 작용을 하게 되었다. 이와 유사하게 인간의 손도 언어의 발달에 영향을 주었다고 보고 있다. 도구 제작설(Tool-making source)은 인간이 손을 사용하여 도구를 제작하기 시작하면서부터 본격적인 언어 능력이 발달했다는 가설이다.

진화 과정에서 인간의 뇌의 용량은 커졌을 뿐 아니라, 그 기능이 양분화 되어 좌반구와 우반구로 나뉘게 되었다, 이 중에서 음성을 만들기 위해 관련되는 뇌의 영역과 물체를 조작하는데 사용되는 뇌의 영역이 좌반구에 서로 가깝게 위치해 있다. 이를 근거로 학자들은 언어의 사용과 도구의 사용이 진화적으로 관련이 있으며, 도구의 사용이 언어 발달에 영향을 주었을 것으로 본다.

200만 년 전부터 인간은 손으로 도구를 만들기 시작했다는 고고학적인 증거가 있다. 인간은 석기로 시작해서 나무로 만든 도구, 이어서 여러 가지를 조합하여 도구를 만들게 되는데, 이렇게 손을 사용하여 물체를 조합하여 도구를 만드는 것이 인간의 좌뇌 발달을 촉진했다는 것이다. 특히, 도구 사용 이전에는 인간은 양손을 동등하게 사용했지만, 도구를 만들면서 인간은 한 손을 더 우선적으로 하게 되는데, 주로 오른손을 사용하였다. 또한 도구를 만드는 과정에서 다른 재질의 재료(돌과 나뭇가지)를 적절히 연결하여야 하는데, 이는 곧 인간이 사용하는 언어가 단편적이 아니라 여러 요소의 결합으로 구성됨과 같은 이치라고 할 수 있다. 대부분의 언어 기원 가설이 최초의 언어가 인간에 의해 어떻게 발화되었는가에 관심을 가진다면, 이 도구 제작설은 인간이 단어의 발화 단계를 지나 단어들을 조합하여 복잡한 구조화된 언어를 어떻게 사용하게 되었는가를 설명한다.

1.2.6 언어 유전자설

신체 적응설은 진화된 인간의 신체적 특성으로 인하여 인간이 언어를 사용할 수 있게 되었다는 것이다. 하지만 진화에 의한 신체적 특성만으로는 인간의 언어 구사능력을 설명할 수 없다는 관점이 언어학자 촘스키(Chomsky)를 중심으로 주장되었다. 촘스키는 인간이 언어 능력을 가지게 된 것은 신체적 진화, 특히 뇌의 진화의 결과로 진화의 한 시점에서 유전적 돌연변이로 인해 인간이 언어를 구사할 수 있는 능력을 가지게 되었다는 것이다. 이 언어 유전자설(Genetic source)은 여타 다른 동물과 차별되는 언어능력을 유전자로 가지고 태어난다고 보기에 이를 '생득적 가설(Innate hypothesis)'이라고도 한다.

인간은 태어나서 2-3년 안에 신체적 진화를 거쳐 완전히 언어를 구사하게 된다. 처음 태어난 아이의 뇌의 크기는 성인의 1/4에 불과하고 후강은 높은 위치에 놓여 있는 상태에서, 두 발로 걷게 되면서 후강이 내려가고 뇌의 크기도 커지면서 말하기 시작한다. 즉, 아이가 언어 환경에 노출되기만 하면, 어떤 언어든지 해당 언어를 습득하게 된다고 본다. 어린이는 2개 이상의 언어에 노출되더라도 어려움 없이 다수의 언어를 자연스럽게 습득한다. 심지어, 태어날 때부터 청각장애가 있는 아이도 적절한 상황이 주어지면 또 다른 형태의 언어인 수화(sign language)를 습득한다는 것이다. 즉, 말소리 생성에 필요한 구강이라는 신체기관을 사용하지 않고도 언어를 습득한다고 한다. 이러한 예들은 인간이 다른 동물들이 가지지 않은 능력, 즉, 언어를 습득하는 능력을 유전적으로 가지고 태어나기 때문에 가능하다고 본다.

촘스키(Chomsky)는 인간이 태어나면서부터 가지고 있는 언어 능력은 컴퓨터 프로그램처럼 언어를 운용, 습득할 수 있는 능력이며, 특정 언어에 특화된 것이 아니라 언어보편적인 것이라고 했다. 따라서 인간이 타고난 언어보편적인 언어 능력을 바탕으로 개별 언어의 자극들에 적절히 노출되면, 인간은 그 자극을 바탕으로 해당 언어의 구사 능력을 갖추게 된다고 한다. 언어를 습득하는 아이에게 주어진 언어 자극(input)이 해당 언어의 특징을 모두 보여줄 만큼 충분하지 않고 제한적일지라도, 아이는 노출된 언어를 자연스럽게 습득하는 것이다. 촘스키는 이렇게 강력한 언어 습득 능력은 인간에게 유전적으로 내재된 언어 능력이 있다는 것을 가정하지 않고서는 설명하기 어렵다고 보았다. 또한 이런 내재적 언어 능력은 인간의 진화에 따른 뇌의 발달 과정에서에서 갑작스런 유전자의 돌연변이에 의해 나타났다고 본다. 이런 언어 유전자로 인해 인간은 아주 짧은 기간 내에 언어에 적절히 노출이 되면 어떤 언어라도 완벽히 어려움 없이 습득 가능하다는 것이다.

1.2.7 문화적 도구설

최근에는 언어 능력이 뇌의 진화과정에서 유전적 변이가 일어나서 갑자기 생겨난 것이 아니라, 언어는 인간 사회가 의사소통을 위해 만들어낸 문화적 도구라고 한다. 인간이 생존을 위해 의사소통이 필요했고 이에 따라 의사소통 수단인 언어를 만들어 사용하고, 이 언어가 그 언어를 사용하는 사람들의 문화에 맞게 발전되어 온 것이라는 보는 것이 문화적 도구설(Cultural tool source)이다. 이러한 관점에서의 언어의 문법은 게임의 규칙과도 같으며, 언어는 연습을 통해 배울 수 있는 사회가 만든 도구일 뿐이다. 언어의 규칙, 문법의 규칙은 인간이 태어나면서 가지고 있는 것이 아니라 체스의 규칙처럼 학습되는 것으로 본다.

인간의 언어가 출발한 시점에 대해서는 학자들마다 이견이 있지만 대체적으로 호모사피엔스가 나타난 10만 년 전 경으로 추정했다. 하지만 최근에 문화적 도구설에 의한 언어의 발달을 주장한 언어학자 에버레트(Everett)는 언어의 시작은 호모 에렉투스가 나타난 시기인 200만 년 전 쯤으로 보았다. 그는 호모 에렉투스가 사용한 원시적인 형태의 언어도 상징(symbol)과 문법(grammar)를 가지고 있는 언어였으며, 이 언어가 사회적 필요성에 의해 점차적으로 발전하여 현재의 정교한 언어까지 발전했다고 보았다. 그는 언어는 인간에게 내재된 본능이 아니라 인간이 사회생활 속에서 창조한 문화적 도구이며, 이 도구는 수백만 년 동안 변화와 적응 과정을 거쳐 오늘날의 언어로 발전된 것이라고 본다.

고고학적 연구에 따르면, 200만 년 전 나타난 호모 에렉투스는 빠르게 뛰어다닐 수 있고, 도구를 사용하여 사냥을 했으며, 보트를 만들어 항해를 하여 대륙 간 이동을 하였고, 조직적인 생활을 하며, 체계적인 주거문화를 가지고 있었다. 이러한 고고학적 증거는 언어의 필수 요소인 상징(symbol)

의 개념과 체계적인 문법(grammar)을 형성할 수 있는 인지 능력이 있었음을 보여준다. 그들의 음성 기관(vocal apparatus)이 현대 인간의 음성기관과는 차이가 나며, 오히려 고릴라와 유사성을 보이나 이런 제한적인 음성기관이 현재 대부분의 인간이 사용하는 정교한 음성을 만들어내지는 못했을 것이지만 충분히 서로 간의 의사소통을 할 만큼 기능을 하였다고 본다. 즉, 호모 에렉투스의 의사소통 수단으로 기초적인 음성 언어가 사용되었으리라고 보고, 그러한 기초적 음성 언어가 수백만 년에 걸친 인간의 신체적 진화와 더불어 지금처럼 정교하고 복잡한 음성 언어로 발전된 것으로 보고 있다.

언어란 살아있는 생명체와 같아서 현재에도 변화화고 있다. 어떤 사회에서도 언어는 정체되어 있는 것이 아니라 변화하고 있다는 사실을 볼 때, 언어가 오랜 동안 끊임없는 변화를 통해 지금의 언어가 탄생했다고 볼 수 있다. 하지만, 여전히 인간의 언어가 언제, 어떻게 시작되었는지는 아직 확실하게 증명되지 않았고 학자들 간에 많은 이견이 존재한다.

【연습문제】

1. 신수설을 정의하시오.

2. 자연음 가설을 두 가지로 나누어 설명하시오.

3. 사회적 상호작용설의 한계점은 무엇인가?

4. 인간의 직립보행이 언어에 어떠한 영향을 주었는가?

5. 도구를 제작하는 것이 어떻게 언어 발달과 연관이 있는가?

6. 언어 유전자설을 주장하게 된 배경은 무엇인가?

7. 문화적 도구설은 인간의 언어 사용이 200만 년 전, 호모 에렉투스부터 시작되었다고 보고 있는데, 이들이 언어를 사용했다고 보는 근거는 무엇인가?

1.3 언어학과 문법

인간은 태어나서 첫 몇 해에 자연스러운 언어 환경에만 노출되면 형식적인 교육이나 학습 과정이 없이도 어떤 언어든지 자신의 모국어로 완벽히 습득이 가능하다. 하지만 모국어를 구사하는 화자는 자신이 어떠한 규칙을 사용해서 문법적인 문장들을 구사하고 있는지에 대해서는 인지하지 못한다. 어떤 문장이 적절한지 부적절한지에 대해서는 판단이 가능하나 왜 그런지에 대해서는 문법 교육을 받지 않고서는 체계적으로 알지 못한다. 이것은 모든 언어 화자들이 자신의 모국어의 언어지식(linguistic knowledge)을 가지고는 있으나 이 지식은 의식적(conscious)이 아니라 무의식(unconscious) 상태의 지식이라는 것이다. 무의식적이지만 이 언어지식이 인간의 머릿속에 내재하고 있기 때문에 우리는 그 지식에 맞추어 언어를 자연스럽게 구사하게 되는 것이다.

인간이 언어를 자유롭게 구사하게 하는 이 무의식적인 언어 지식을 문법(grammar)이라고 한다. 이 문법은 우리가 학교에서 배우는 국어 문법, 영어 문법과는 다른 개념이다. 언어학자들은 무의식적인 언어지식인 문법을 연구하며. 언어학의 목표는 바로 인간의 머릿속에 내재되어 있는 무의식적인 언어지식인 문법을 기술하는 것이다.

인간의 언어 지식을 연구하는 언어학의 하위 분야에는 의미론(semantics), 통사론(syntax), 형태론(morphology), 음운론(phonology)이 있다. 의미론(semantics)은 언어가 지니는 의미를 연구하는 분야이다. 예를 들어, 영어를 구사하는 화자들은 [kæt]이라는 소리를 들었을 때 그 소리가 무엇을 의미하는지 알고 있다. 또한 'The man met a lady at the park.'이라는 문장은 하나의 의미로 해석되지만, 'The man met a lady with flowers.'라는 문장이 두 가지 의미로 해석될 수 있는 중의적인 (ambiguous) 문장이라는 것을 안다. 즉, 언어를 사용하는 화자는 그 언어의 의미에 대한 지식을 가지고 있는 것이다.

통사론(syntax)은 문장의 구조에 대해 연구하는 분야이다. 한 언어의 문장은 단순히 단어들의 무작위 나열이 아니라 일정한 규칙을 가지고 있고, 그 규칙에 부합하는 문장만이 적합하다고 인정되며, 그 규칙에 따라 화자는 문장을 만들어낸다. 예를 들어, 'Mary with was him.'과 같은 문장은 영어 모국어 화자들에게는 사용되지 않는 문장이며, 이러한 문장을 들었을 때는 무엇인가 잘못되었다고 판단할 것이다. 이러한 통사적인 판단은 학교 문법을 배우지 않아도 전치사, 동사 등이 무엇인지 몰라도 가능하다. 즉, 언어 화자들은 무의식속에 그 언어의 의미적이고 통사적인 언어학적 지식을 가지고 있다는 것이다.

또 다른 언어학의 하위 분야인 형태론은 단어의 구성성분과 구조에 관해 연구하는 분야이다. 영어 화자들은 'cats,' 'fishy,' 'writer,' 'arrival,' 'arrangement,' 'fixation'의 단어들이 길이에 상관없이 각각 두 요소 'cat-s,' 'fish-y,' 'wash-er,' 'arriv-al,' 'arrage-ment,' 'fix-ation'로 이루어져 있다는 것을 안다. 'softener(soft-en-er)'는 가능하지만 'softeren(soft-er-en)'은 가능하지 않은 단어임을 안다. 이렇게 단어들이 어떤 구성요소로 이루어져 있는지, 또 어떤 순서로 배열되어야 하는지에 관한 지식이 형태론을 구성한다.

음운론(Phonology)은 해당 언어의 말소리에 대해 연구한다. 말소리 그 자체만을 연구하는 분야를 음성학(Phonetics)이라고 하고, 한 언어에서 말소리가 어떻게 화자의 머릿속에 저장되고 운용되는 지에 대해 연구하는 분야, 즉 한 언어의 말소리 체계를 연구하는 분야를 음운론(Phonology)이라고 한다. 예를 들어, 영어에서 [f]소리는 윗니와 아랫입술 사이에서 나는 마찰 소리임은 음성학에서 다루는 부분이고, 영어의 [f]소리가 영어의 [p] 소리와 명백히 다른 소리이며, 영어 단어의 뜻을 구별할 수 있는 중요한 소리임은 음운론에서 다루어진다. 한국인에게 구별이 어려운 영어 단어 'face'와 'pace'의 발음은 영어 화자에게는 명백히 다른 발음을 가진 다른 단어로 인지된다. 이러한 판단은 화자의 머릿속에 영어의 음운론 지식이 존재하기에 가능한 것이다.

앞으로 이 책에서는 영어의 언어학을 음성학, 음운론, 형태론, 통사론, 의미론 순으로 영어 화자의 내재적인 언어지식을 개괄적으로 살펴본다. 그리고 마지막 장에서는 언어의 변화와 관련하여 영어의 역사적 변화를 살펴본다.

【연습문제】

A. ( )안에 적절한 단어를 고르시오.

1. 언어를 구사를 가능하게 하는 언어지식은 (의식적/무의식적)이다.
2. 문장의 구조에 대해 연구하는 분야를 (통사론/형태론)이라고 한다.

연습문제

1. 언어란 무엇인가?

2. 인간이 사용하는 의사소통 체계는 무엇이 있는가?

3. 동물도 인간처럼 상호간에 의사소통을 한다. 인간이 가진 언어가 다른 동물들의 의사소통체계와 다른 점은 무엇인가?

4. 아래는 언어 탄생에 대한 대표적인 가설들에 대한 설명이다. 각각의 설명이 어떤 가설과 관계되는지 가설의 이름을 쓰시오.

   a. 초기 인류는 주위에 들리는 소리를 이용하여 사물을 지칭하고자 했다.
   b. 인류는 직립 보행하기 시작하였고, 후강이 하강했으며, 고르고 수직인 치아를 가지게 되었다.
   c. 발성기관을 제어하는 뇌의 영역과 손으로 물건을 조작하는 뇌의 영역은 좌뇌 비슷한 위치에 있다.
   d. 언어는 인간이 사회 속에서 의사소통을 위해 만들어낸 문화적 도구이다.

e. 인간이 무리를 지어 생활하며 공동의 육체적 노동을 할 때 서로 간의 의사소통이 필요했다.

f. 인간이 언어에 노출되지 않아도 태어나면서부터 특정 언어를 말할 수 있는 능력을 타고 난다.

g. 청각장애가 있는 아이도 쉽게 수화를 배울 수 있다.

5. 인간의 발성 기관에서 인강은 중요한 역할을 한다. 인간의 신체적 진화에 따라 인강이 어떻게 진화했으며 인간 발화에 어떤 역할을 하는지에 대해서 쓰시오.

6. '언어 유전자설'에 대해서 설명하시오.

7. 언어의 기원을 설명하는 '사회적 상호작용설'을 기술하고 한계점이 무엇인지 쓰시오.

8. 언어마다 자연의 소리를 모방하여 만든 의성어들이 있다. 자연을 소리를 모방한 단어들임에도 언어마다 그 소리가 각각 다르다. 예를 들면, 영어에서는 소, 개, 고양이, 뻐꾸기는 각각 'moo,' 'bowwow,' 'miaow,' 'cuckoo'라고 울며, 한국어에서는 '음매,' '멍멍,' '야옹야옹,' '뻐꾹뻐꾹'이라고 운다. 이렇게 같은 대상을 표현하는데 있어서 두

언어가 다른 표현을 쓰는 것은 언어의 어떤 속성과 관계가 있는가?

9. 언어학에서 문법이란 무엇인가?

10. 언어학의 하위 분야로는 무엇이 있는지 쓰시오.

음성학

2.1 음성기호

우리가 일반적으로 언어라고 할 때는 수화나 문자를 지칭하는 것이 아니라 인간의 말소리를 지칭한다. 이 말소리를 문자로 나타내기도 하지만, 문자가 말소리를 일관성 있게 보여주는 것은 아니다. 예를 들어, 영어의 문자 'a'는 나타나는 단어에 따라 그 소리가 다양하게 나타난다. 'arm'에서는 [ɑ], 'cat'에서는 [æ]로, 'any'에서는 [ɛ], 'say'에서는 [eɪ]로 발음이 된다.

(1) 문자 'a'

arm	[ɑrm]
cat	[kæt]
any	[ɛniː]
say	[seɪ]

이러한 발음과 문자 간의 다중 관계는 자음에서도 나타난다. 영어의 자음 문자 's'도 'sea'에서는 [s], 'rose'에서는 [z], 'sure'에서는 [ʃ], 'pleasure'에서는 [ʒ]의 소리를 가진다.

(2) 문자 's'

sea	[siː]
rose	[ɹoʊz]

sure [ʃuːɹ]
pleasure [plɛʒəɹ]

또한 어떤 문자는 소리를 전혀 가지지 않거나 또는 2개 이상의 소리를 나타내기도 한다. 단어 'know,' 'bomb,' 'though'의 'k,' 'b,' 'gh' 문자들은 소리를 나타내지 않는 묵음(silent letter)이며, 'taxi,' 'fax,' 'text'의 단어에서 문자 'x'는 [ks]라는 두 개의 소리를 나타낸다.

(3) 묵음

know [noʊ]
bomb [bɑm]
though [ðoʊ]

(4) 'x'

taxi [tɛksiː]
fax [fæks]
text [tɛkst]

이렇게 문자와 소리의 관계가 일대일 대응 관계가 아니고 다중의 관계이므로 문자만으로는 정확한 발음을 알기는 어렵다. 영어뿐만 아니라, 많은 언어들이 문자를 가지고 있고, 그 문자들은 뜻을 나타내기도 소리를 나타내기도 한다. 소리를 나타내는 문자라고 하더라도 언어마다 각기 다른 문자를 사용하고 있다. 이러한 이유로 영어 뿐만 아니라 세계에 존재하는 모든 언어의 소리를 일관성 있게 기술하기 위한 기호가 만들어졌는데 이것이 국제음성기호(International Phonetic Alphabet)이다. 국제음성기호는 하나의 기호가 하나의 소리만을 나타내는 음성기호이며, 이 음성기호는 영어의 소리만을 기술하기 위한 것이 아니라 세계 모든 언어의 소리를 기술하기 위한 음성기호이다. 세계 각국의 말소리는 서로 다르게 들리지만, 다른 말소리 보다 같은 소리들을 더 많이 공유하고 있다. 이 장에서는 영어에 존재하는 소리, 자음과 모음을 다루며, 영어의 자음과 모음이 어떤 국제음성기호로 표시되며, 또한 어떠한 방법으로 조음되는지를 살펴볼 것이다.

【연습문제】

A. 맞으면 O, 틀리면 X 하시오.

1. 음성기호와 문자는 같다.
2. 문자는 뜻을 나타내기도 하고 소리를 나타내기도 한다.
3. 국제음성기호는 영어의 발음만을 나타내기 위해 만들어졌다.
4. 영어 문자 's'는 항상 같은 발음을 가진다.

2.2 조음음성학

인간의 언어에서 말소리(speech sound)를 연구하는 분야를 음성학(phonetics)이라 하며, 하위 분야로 조음음성학, 음향음성학, 청각음성학이 있다. 조음음성학(articulatory phonetics)은 소리가 어떻게 만들어지는가에 관해 연구하고, 음향음성학(acoustic phonetics)은 음파(sound waves), 음의 고저(pitch), 음의 길이(duration), 음의 세기(loudness)등의 소리의 물리적 특징을 연구하는 분야이며, 청각음성학(auditory phonetics)은 소리가 우리의 귀를 통해 어떻게 인지되는 지에 관하여 연구하는 분야이다. 이 장에서는 영어의 조음음성학만을 다룬다.

인간의 말소리는 허파에서 올라오는 공기의 흐름을 변화시킴으로써 발생된다. 허파에서 올라온 공기가 성대, 인강, 구강, 비강을 통과하면서 다양한 지점에서 다양한 방법으로 그 흐름에 변화가 생겨서 발생하는 것이 말소리이다. 이 말소리(speech sound)는 공기의 흐름이 변화되는 장소와 변화되는 방법이 다름으로 인해서 각기 다른 소리로 탄생된다. <그림 1>은 말소리 생성에 관계된 조음기관을 보여준다.

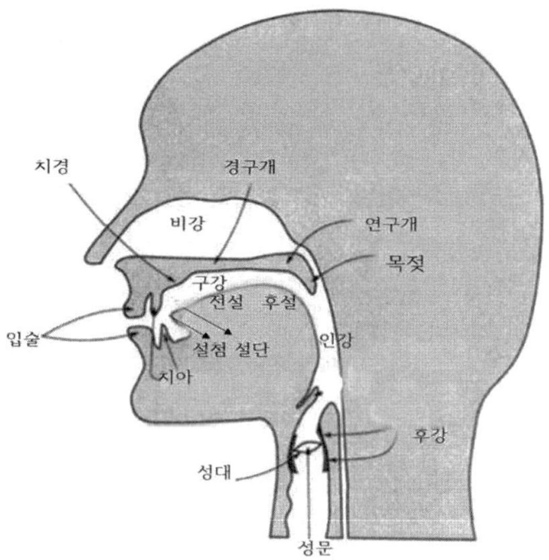

<그림 1> 조음기관

조음기관(articulatory organ)으로는 후강(larynx), 후강 안에 위치한 성대(vocal folds), 인강(pharynx), 구강(oral cavity), 비강(nasal cavity), 입술(lips), 치아(teeth), 혀(tongue), 입천장(palate), 목젖(uvula) 등이 포함된다. 조음위치를 정확히 기술하기 위해서 입천장은 다시 치아 바로 뒤에 위치한 오톨도톨한 잇몸 부위를 '치경(alveolar ridge),' 치경 뒤의 매끈매끈하고 딱딱한 입천장 부위를 '경구개(hard palate),' 경구개 뒤의 말랑말랑한 입천장 부위를 '연구개(soft palate)'로 나눈다. 혀의 부위도 설첨(tongue tip), 설단(tongue blade), 전설(front tongue), 후설(back tongue)로 나눈다.

<표 1>은 조음기관을 사용해서 만들어진 영어의 자음과 모음이다.

영어는 24개의 자음과 15개의 모음을 가지고 있다. <표 1>에서 국제음성기호는 [ ] 안에 표시되고, 표시된 음성기호의 소리를 가진 대표 단어가 옆에 적시되어 있다. 단어에서 밑줄 친 부분이 음성기호로 표시되는 부분이다.

<표 1> 영어의 자음과 모음

자음				모음			
[p]	pen	[l]	like	[iː]	each	[ɔ]	all
[b]	boy	[r]	red	[ɪ]	if	[ɔɪ]	oil
[t]	ten	[w]	walk	[eɪ]	able	[ɑ]	army
[d]	day	[j]	yes	[ɛ]	egg	[aɪ]	ice
[k]	key	[h]	house	[æ]	apple	[aʊ]	out
[g]	go	[θ]	thin	[uː]	ooze	[ʌ]	up
[f]	food	[ð]	the	[ʊ]	book	[ə]	about
[v]	voice	[ʃ]	she	[oʊ]	own		
[s]	see	[ʒ]	beige				
[z]	zoo	[ʧ]	child				
[m]	me	[ʤ]	job				
[n]	no	[ŋ]	sing				

【연습문제】

1. <표 1>을 참고하여 아래 음성기호를 읽어보시오.

[miːt], [fʊt], [ʧeɪn], [baɪ], [kɪŋ]

2.3 유성음과 무성음

말소리는 공기의 흐름의 변화의 결과물이라고 했다. 허파에서 올라온 공기가 기도를 거쳐서 후강(larynx)을 통과하면서 최초로 공기의 흐름이 변화될 수 있다. 이 후강 안에는 성대(vocal folds)가 위치해 있으며, 이 성대의 움직임에 따라 공기의 진동이 일어나면서 공기에너지가 소리에너지로 바뀌게 된다. 성대는 두 개의 얇은 점막으로 이루어져 있으며, 이 성대가 이완되어 열려 있을 때는 허파에서 올라오는 공기가 아무런 변화 없이 통과되어 소리 생성에 역할을 하지 않는다. 하지만, 성대가 긴장되어 서로 맞붙어 닫혀있을 때는 허파에서 지속적으로 올라오는 공기의 압력에 의해 자동적으로 열고 닫힘이 빠르게 반복되는데 이를 '성대 진동 (vocal folds vibration)'이라고 한다. 이러한 성대 진동은 공기의 흐름을 변화시키고, 이 성대 진동이 동반되어 발생하는 소리를 유성음(voiced sound), 성대가 열려 있어 성대진동이 동반되지 않는 소리를 무성음(voiceless sound)이라고 한다.

(5) 무성음과 유성음

a. 무성음: 성대가 열려있으며, 성대 진동이 없다.

b. 유성음: 성대가 닫혀있으며, 성대 진동이 있다.

성대 진동의 여부는 각각의 소리를 발음하면서 두 손으로 양쪽 귀를 막거나, 한 손을 목의 성대 부분에 갖다 대었을 때 진동 유무로 쉽게 알 수 있다. <그림 2>는 열린 성대와 닫힌 성대의 모습을 보여준다.

a. 무성음 b. 유성음

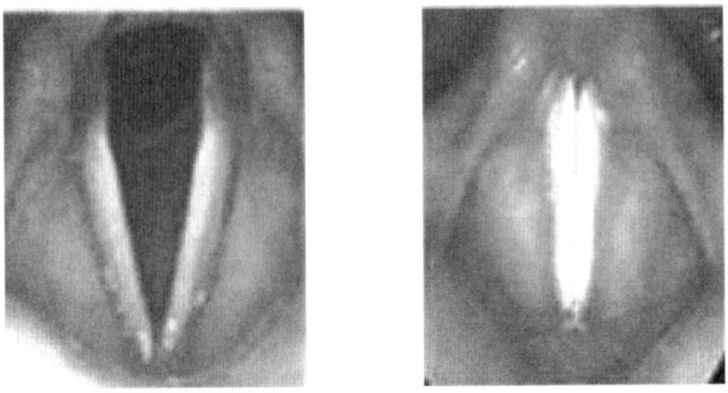

<그림 2> 열린 성대와 닫힌 성대

영어의 모음은 모두 성대 진동을 동반하는 유성음이며, 자음은 유성자음과 무성자음으로 나뉜다. 영어의 [p, t, k, f, θ, s, ʃ, ʧ, h]는 무성자음이며, [b, d, g, v, ð, z, ʒ, ʤ, m, n, ŋ, l, r, j, w]는 유성 자음이다.

(6) 영어 무성음과 유성음

a. 무성음

자음 [p, t, k, f, θ, s, ʃ, ʧ, h]

b. 유성음

자음 [b, d, g, v, ð, z, ʒ, ʤ, m, n, ŋ, l, r, j, w]

모음 [iː, ɪ, ɛ, æ, ə, ʌ, ɑ, ɔ, ʊ, uː, eɪ, aɪ, ɔɪ, aʊ, oʊ]

예를 들어, 영어 모음 [iː]나 자음 [z]를 발음할 때, 손가락을 목의 성대 부분에 가까이 대면 성대 진동을 느낄 수 있는 반면, 자음[s]를 발음하면 이러한 진동을 느낄 수 없다.

2.4 조음위치

말소리는 공기의 흐름이 변화되는 장소에 따라 그 소리가 달라진다고 하였다. 이렇게 말소리를 생성하기 위해서 공기의 흐름이 변화되는 장소를 조음위치(place of articulation)이라고 한다. 영어의 자음은 8개의 다른 조음위치에서 발음이 된다. 이 조음위치에 따라 영어의 자음을 분류하면 아래와 같다.

(7) 조음위치

a. 양순음(bilabials)	[p, b, m, w]
b. 순치음(labio-dentals)	[f, v]
c. 치간음(dentals)	[θ, ð]
d. 치경음(alveolars)	[t, d, s, z, l, n, r]
e. 치경구개음(palato-alveolars)	[ʃ, ʒ, ʧ, ʤ]
f. 경구개음(palatals)	[j]
g. 연구개음(velars)	[k, g, ŋ]
h. 성문음(glottals)	[h]

양순음(bilabials)은 두 입술을 사용하여 공기의 흐름을 바꾸어 내는 소리이다. 영어에서는 [p, b, m, w] 소리가 양순음에 속한다. 'pay,' 'bay,' 'may,' 'way'의 첫 자음이 양순음이다. [p]는 무성음이고 [b, m, w]는 유성 양순음이다.

순치음(labio-dentals)은 윗니와 아랫입술 사이에서 만들어지는 소리로 영어에는 [f]와 [v]가 있다. 'face'와 'vase'의 첫소리와, 'leaf'와 'leave'

의 끝소리가 순치음이다. [f]는 무성 순치음이며 [v]는 유성 순치음이다.

치간음(dentals)은 혀끝과 윗니 사이에서 만들어지는 소리로 [θ, ð]가 있다. [θ]는 'think'의 첫소리, 'bath'의 끝소리에 나타나며, [ð]는 'they'의 첫소리, 'bathe'의 끝소리에 나타난다. [θ]는 무성 치간음이며 [ð]는 유성 치간음이다.

치경음(aveolars)은 혀끝(tongue tip)이나 혀의 앞부분(tongue blade)을 치경(alveolar ridge)에 가까이 가져가거나 붙일 때 만들어지는 소리를 말한다. 조음위치 중에서 가장 많은 수의 자음이 만들어지며, 영어에서는 7개의 자음 [t, d, s, z, n, l, ɹ]이 치경음에 속한다. 'tie,' 'die,' 'sip,' 'zip,' 'no,' 'lie,' 'rye'의 첫 자음과 'bat,' 'bad,' 'bus,' 'buzz,' 'bin,' 'bell,' 'bar'의 끝소리가 치경음이다. [t, s]는 무성음이며, [d, z, n, l, ɹ]은 유성음이다.

치경구개음(palato-alveolars/post-alveolars)은 혀 앞부분(tongue blade)을 치경(alveoalr ridge)과 경구개(hard palate)의 접경 부분에 가까이 가져가거나 붙임으로써 발생하는 소리이다. 치경구개음에는 [ʃ, ʧ, ʤ, ʒ]이 있고, [ʃ, ʧ]는 무성음이며, [ʤ, ʒ]는 유성음이다. [ʃ]는 'ship'의 첫소리와 'cash'의 끝소리로, [ʧ]는 'chip'의 첫소리와 'catch'의 끝소리, [ʤ]는 'joy'의 첫소리와 'badge'의 끝소리에 [ʒ]는 'beige'의 끝소리에 나타난다.

경구개음(palatals)은 혀 몸체의 앞부분(전설, tongue front)을 입천장의 앞부분인 경구개(hard palate)로 가까이 가져가서 만들어지는 소리이다. 'yes,' 'yellow,' 'year'의 첫소리인 [j]가 영어의 유일한 경구개음으로 유성음이다. 한국인에게는 모음으로 잘못 간주되기도 하지만 영어에서는 자음으로 분류된다.

연구개음(velars)은 혀 몸체의 뒷부분(후설, tongue back)을 입천장의 뒷부분인 연구개(soft palate)에 가져가서 만들어지는 소리이다. 'king'의 첫소리, 'back'의 끝소리 [k], 'get'의 첫소리, 'bag'의 끝소리 [g], 'song,' 'king'의 끝소리 [ŋ]가 영어의 연구개 자음이다. [k]는 무성음이며, [g, ŋ]은 유성음이다.

마지막으로 성문음(glottals)은 성대 사이의 공간인 성문(glottis)에서 만들어지는 소리로 성대를 가까이 가져가 그 곳에서 공기가 나오면서 내는 소리이다. 'how,' 'happy'의 첫소리인 [h]가 무성의 성문음이다.

【연습문제】

A. 맞으면 O, 틀리면 X 하시오.

1. 성대가 닫혀져 진동하면서 발생하는 소리는 유성음이다.
2. 영어의 모든 자음은 무성음이다.
3. 조음위치는 자음이 만들어지는 장소이다.
4. 'may,' 'pay,' 'bay'의 첫 자음은 양 입술에서 만들어지는 양순음이다.
5. 'ship,' 'chip,' 'job'의 첫 소리와 'beige'의 끝소리는 치경구개음인[ʃ, ʧ, ʤ, ʒ]이다.
6. 'back'의 끝소리 [k], 'bag'의 끝소리 [g], 'song'의 끝소리 [ŋ]는 모두 경구개음이다.

2.5 조음방법

말소리는 허파에서 올라온 공기를 성대에서 진동시키는지, 즉 성대 진동의 유무와 허파에서 올라오는 공기를 어디에서 변화시키는지에 따라 다른 소리가 발생한다. 또한 허파에서 올라오는 공기를 변화시키는 방법도 말소리의 특징을 결정하는 주요한 요소이다. 말소리를 생성하기 위해서 공기의 흐름을 변화시키는 방법을 조음방법(manner of articulation)이라고 부른다. 조음방법을 기준으로 자음은 파열음(stops), 비음(nasals), 마찰음(fricatives), 파찰음(affricates), 접근음(appoximants)으로 분류된다.

(8) 조음방법

a. 파열음(plosives/stops) [p, b, t, d, k, g]
b. 마찰음(fricatives) [f, v, θ, ð, s, z, ʃ, ʒ, h]
c. 파찰음(affricates) [ʧ, ʤ]
d. 비음(nasals) [m, n, ŋ]
e. 접근음(approximants) [l, ɹ, j, w]

파열음(plosives/stops)은 두 조음 기관을 맞닿게 하여 허파에서 나오는 공기의 흐름을 완전히 차단시킨 후, 맞닿은 조음기관 뒤의 쌓여 있는 공기를 한꺼번에 터트리면서 내는 소리를 지칭한다. 영어에서 'pay,' 'bay,' 'toy,' 'day,' 'key,' 'guy'의 첫 소리인 [p, b, t, d, k, g]가 파열음에 속한다. [p, b]은 양순음으로 양 입술로 공기의 흐름을 폐쇄한 뒤 터트려 만들고, [t, d]는 치경음으로 혀끝과 치경을 사용하며, [k, g]는 후설과 연구개를 이용한 파열음이다.

마찰음(fricatives)은 두 조음기관을 가까이 가져가서 좁은 통로를 만들고, 그 좁은 통로로 공기가 한꺼번에 많이 빠져 나오면서 발생하는 소음(frication)을 지칭한다. 마찰음은 조음기관을 이용하여 공기의 흐름을 완전히 차단하는 것은 아니고, 조음기관 협착을 통해서 공기가 흐르는 통로를 좁혀서 소리를 만든다. 영어에는 9개의 마찰음 [f, v, Θ, ð, s, z, ʃ, ʒ, h]이 있다. 'face'와 'vase'의 첫소리인 /f, v/는 순치음으로 윗니와 아랫입술 사이에서, 'thin'과 'this'의 첫소리인 [Θ, ð]는 치간음으로 혀끝과 윗니 사이에서, 'sale'과 'zeal'의 첫소리인 [s, z]는 혀끝과 치경에서, 'ship'의 첫소리와 'beige'의 끝소리인 [ʃ, ʒ]는 혀의 앞부분과 치경구개에서, 'hand'의 첫소리인 [h]는 성문에서 발생하는 마찰음이다.

파찰음(affricates)은 조음기관을 완전히 붙여서 구강내 공기의 흐름을 완전히 차단한 뒤, 폐쇄한 조음기관을 살짝 떼어내어 좁은 통로로 공기를 내보내며 마찰소리를 내는 것이 파찰음이다. 영어에는 두 개의 파찰음 [ʧ]와 [ʤ]가 있으며, 치경구개에서 만들어진다. [ʧ]는 'church'의 첫소리와 끝소리에 나타나며, [ʤ]는' judge'의 첫소리와 끝소리로 나타난다.

비음(nasals)은 허파에서 올라온 공기가 구강(oral cavity)을 통하여 나오지 않고, 비강(nasal cavity)으로 공기가 통과하여 나오는 소리를 지칭한다. 비음은 구강 폐쇄를 지속한 상태에서 목젖(uvula)을 내려서 공기가 비강으로 나가게 하여 만들어지는 소리이다. 영어에서 비음은 'meat,' 'neat'의 첫소리인 [m, n]과 'sing'의 끝소리인 [ŋ]이 있다. [m]은 양순 비음, [n]은 치경 비음, /ŋ/는 연구개 비음이다. 모든 비음은 유성음이다.

접근음(approximants)을 발성하기 위해서는 두 개의 조음기관을 가까이 가져가 공기의 흐름을 방해하지만 마찰이 발생할 정도로 조음기관을 가까이 가져가지는 않는다. 영어의 접근음은 'light,' 'right,' 'yet,' 'wet'의 첫소리인 [l, ɹ, j, w]가 있으며, 모두 유성음(voiced sound)이다. 일반적으로 접근음을 둘로 구분하여 [l]과 [ɹ]은 유음(liquids)으로 [j]와 [w]는 전이음(glides)으로 부른다.

【연습문제】

A. 밑줄 친 곳에 알맞은 말을 넣으시오.

1. _________은/는 두 조음기관을 가까이 가져가서 좁은 통로를 만들고, 그 좁은 통로로 공기가 한꺼번에 많이 빠져 나오면서 발생하는 소음을 지칭 한다.

2. 'meat,' 'neat'의 첫소리인 [m, n]과 sing의 끝소리인 [ŋ]는 모두 _________이다.

3. 'pine,' 'bine,' 'time,' 'dime,' 'cane,' 'gain'의 첫 소리는 [p, b, t, d, k, g]이며, 허파에서 올라오는 공기를 막았다가 터트리는 _________이다.

2.6 자음의 분류

지금까지 살펴본 유·무성, 조음위치, 조음방법은 한 언어 안에 존재하는 자음들을 구별하는 기준이다. 아래 <표 2>는 지금까지 살펴본 영어 자음을 유·무성, 조음위치, 조음방법에 따라 분류한 것이다. 한 칸 안에서 무성음은 앞에 유성음은 뒤에 표기하였다. 영어의 자음만을 나타내므로 영어에 존재하지 않는 자음은 빈 칸으로 표시된다.

<표 2> 영어자음표(English Consonant Table)

	양순음		순치음		치간음		치경음		치경구개		경구개		연구개		성문음	
	무	유	무	유	무	유	무	유	무	유	무	유	무	유	무	유
파열음	p	b					t	d					k	g		
비음		m						n						ŋ		
마찰음			f	v	θ	ð	s	z	ʃ	ʒ					h	
파찰음									ʧ	ʤ						
접근음		w						l/ɹ				j				

2.7 모음

인간의 말소리는 자음(consonants)과 모음(vowels)으로 분류되며, 자음과 모음 모두 공기의 흐름을 변화시켜서 만들어지지만 차이점이 있다. 자음은 다양한 조음위치에서 다양한 방법으로 공기의 흐름을 협착/방해함으로써 의해서 발생되지만, 모음은 상대적으로 그러한 공기 흐름의 방해는 없다. 공기의 흐름을 변화시키는 주요 요인은 성대 진동이며, 따라서 모음은 기본적으로 모두 유성음이다. 모음은 성대에 의해 진동한 공기가 공명하는 공간인 구강(또는 비강)의 모양에 의해 다양한 소리를 만들어낸다. 구강의 다양한 모양을 결정하는 것으로 혀의 위치와 입술의 모양이 있으며, 따라서 모음을 구분하는 기준은 구강 내에서 혀의 앞뒤 위치, 혀의 높낮이, 입술의 둥근 정도가 된다.

<그림 3>은 영어의 모음을 구강 내의 위치에 따라 배치한 모음사각형이다.

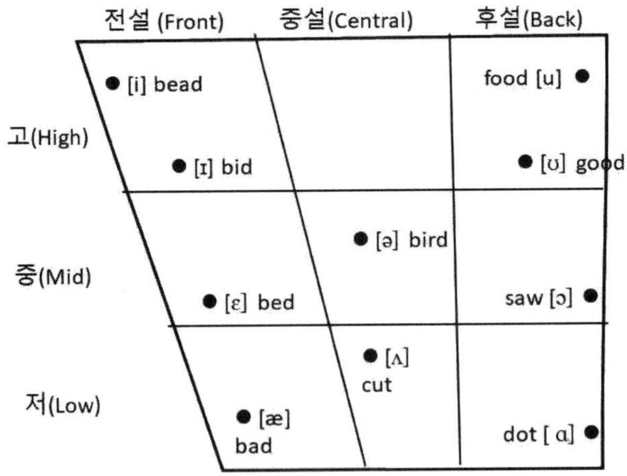

<그림 3> 영어 모음

일반적으로 미국표준영어에는 15개의 모음이 있다. 이 15개의 모음 중에서는 위의 <그림 3>에 나타난 모음은 10개의 단순모음(monophthong)과 5개의 이중모음(diphthong)이 있다. 단순모음은 모음을 발음하는 동안 조음자가 움직이지 않고 같은 위치에 머물러 있어 모음의 소리에 변화가 없는 모음을 가리킨다. 단순모음에는 <그림 3>에서도 보았듯이, 'bead'의 [iː], 'bid'의 [ɪ], 'bed'의 [ɛ], 'bad'의 [æ], 'bird'의 [ə], 'cut'의 [ʌ], 'dot'의 [ɑ], 'saw'의 [ɔ], 'good'의 [ʊ], 'food'의 [uː]가 있다. (9)는 각 단순모음과 단순모음을 지니고 있는 단어들을 함께 보여준다.

(9) 영어의 단순모음 [iː, ɪ, ɛ, æ, ə, ʌ, ɑ, ɔ, ʊ, uː]

[iː] beat, seat, tea, key
[ɪ] bit, sit, tip, kit
[ɛ] bed, dead, said, net
[æ] bad, cat, sad, mat
[ə] above, girl, again, letter
[ʌ] but, cut, son, sun
[ɑ] bottle, dot, heart, top
[ɔ] dog, fall, saw, ought
[ʊ] book, could, put, pull
[uː] two, food, move, pool

이중모음은 하나의 모음으로 간주되지만 모음을 발음하는 동안 조음자(articulator)가 움직여서 모음 소리에 변화를 가져오는 모음이다. 이중모음은 시작할 때와 끝날 때의 소리가 달라서 한국인에게는 자칫 2개의 모음의 연속이라고 판단하기 쉬운 모음이다. 예를 들면, 'bay'의 [eɪ], 'buy'의 [aɪ], 'boy'의 [ɔɪ], 'how'의 [aʊ], 'go'의 [oʊ]가 있다. 이중모음은 소리의 변화가 있지만 독립된 두 모음의 연결이 아니라 하나의 모음이다. 이중모음의 첫 부분의 소리가 길고 뒷부분의 소리는 소리가 움직여가는 방향을 나타내며 상대적으로 짧게 발음이 된다. (10)은 5개의 이중모음과 각각의 이중모음을 지니고 있는 단어들을 보여준다.

(10) 영어의 이중모음 [eɪ, aɪ, ɔɪ, aʊ, oʊ]

[eɪ]	day, eight, grate, late
[aɪ]	die, eye, my, tight
[ɔɪ]	boy, oil, noise, joy
[aʊ]	cow, doubt, now, shout
[oʊ]	boat, home, toe, no

【연습문제】

A. 맞으면 O, 틀리면 X 하시오.

1. 모음은 유성음과 무성음으로 분류된다.
2. 'book'의 모음은 단순모음이며, 'cow'의 모음은 이중모음이다.
3. 이중모음은 모음을 발음하는 동안 발음의 변화가 있으므로 2개의 모음으로 간주한다.

연습문제

A. 주어진 음성기호가 나타내는 소리를 각각의 단어들에서 찾아 밑줄을 긋고, 또한 그 발음을 가진 한 단어를 찾아 마지막 괄호 안에 추가하시오.

보기: [f]: <u>f</u>ood, <u>f</u>ind, o<u>ff</u>, enou<u>gh</u>, kni<u>f</u>e, (leaf)

1. [p]: park, pay, pop, top, tape, (   )
2. [b]: bus, boat, bring, tab, tube, (   )
3. [t]: ten, two, trip, dot, fate, test, (   )
4. [d]: day, dry, bed, mode, send, (   )
5. [k]: king, cat, cute, kick, take, (   )
6. [g]: go, ground, girl, dig, (   )
7. [v]: very, vote, leave, of, save, (   )
8. [s]: see, sorry, case, face, loss, (   )
9. [z]: zoo, zip, easy, rose, jazz, (   )
10. [m]: me, mile, come, bomb, seem, (   )
11. [n]: no, nice, soon, nine, kind, (   )
12. [l]: like, love, call, fold, sole, (   )
13. [r]: rice, red, bring, car, core, (   )

B. 주어진 단어들의 밑줄 친 부분은 같은 소리를 가지며, 하나의 음성기호로 표시된다. 이 음성기호를 찾아 [ ] 안에 넣고, 이 소리를 가진 또 다른 단어를 마지막 괄호 안에 추가하시오.

보기: [f]: food, find, off, enough, knife, (leaf)

1. [ ]: win, wild, one, walk, ( )
2. [ ]: yes, yellow, lawyer, young. ( )
3. [ ]: house, hot, honey, heat, ( )
4. [ ]: three, thigh, bath, death, author,( )
5. [ ]: they, the, father, mother, bathe, ( )
6. [ ]: she, shrimp, sure, cash, fish, ( )
7. [ ]: pleasure, treasure, beige, rouge, ( )
8. [ ]: child, church, teacher, speech, ( )
9. [ ]: job, Jane, judge, page, agent, ( )
10. [ ]: sing, king, finger, tongue, ( )

C. 주어진 자음의 조음위치를 찾아서 쓰고, 그 특징을 설명하시오.

양순음, 순치음, 치간음, 치경음, 치경구개음, 경구개음, 연구개음, 성문음

1. [k, ŋ] ________________:
2. [p, b, w] ________________:
3. [h] ________________:

4. [s, z, n, l, r] ______________:

6. [ʃ, ʒ] ______________:

7. [f, v] ______________:

8. [θ, ð] ______________:

D. 주어진 자음의 조음방법을 찾아서 쓰고, 그 특징을 설명하시오.

파열음, 마찰음, 파찰음, 비음, 접근음

1. [m, n, ŋ] __________:______________________
2. [j, w] __________:______________________
3. [ʧ, ʤ] __________:______________________
4. [p, d, k] __________:______________________
5. [f, ʒ, h, ð] __________:______________________
6. [s, θ, z, ʃ] __________:______________________

E. 이중모음을 가진 단어를 고르시오.

1. a. chess b. fine c. think d. zoo
2. a. top b. hand c. game d. feat

연습문제

A. 조음위치가 다른 하나를 고르시오.

1. a. [p] b. [b] c. [m] d. [t]
2. a. [k] b. [n] c. [g] d. [ŋ]
3. a. [s] b. [t] c. [l] d. [h]

B. 조음방법이 다른 하나를 고르시오.

1. a. [p] b. [f] c. [t] d. [k]
2. a. [g] b. [θ] c. [h] d. [ʃ]
3. a. [m] b. [g] c. [n] d. [ŋ]

C. 유·무성이 다른 하나를 고르시오.

1. a. [θ] b. [f] c. [m] d. [ʃ]
2. a. [v] b. [s] c. [z] d. [h]
3. a. [l] b. [p] c. [b] d. [g]

D. 첫 자음의 조음방법이 다른 하나를 고르시오.

1. a. pain b. take c. bike d. save
2. a. carry b. fine c. think d. zoo

E. 단순모음을 가진 단어를 고르시오.

1. a. day b. hand c. cow d. boat
2. a. neat b. know c. mice d. cake

음운론

3.1 음운론

음성학(phonetics)은 인간의 말소리 자체를 연구한다면, 음운론(phonology)은 한 언어의 말소리가 어떻게 화자의 머릿속에 저장되어 있고, 어떻게 운용되는 지에 대한 특정 언어의 말소리 체계(sound system)에 대한 연구이다. 예를 들어, 영어에서 'spy'라는 단어가 '/s/ + pie'라는 소리의 연쇄와 다르게 발음됨을 알며, [ksaɪ]라는 소리의 연쇄에 대해 영어 화자들은 영어가 아니라고 판단하고, 화자가 처음 들어 보는 영어 단어들의 강세 위치를 배우지 않아도 예측할 수 있게 해준다. 이것은 영어 화자들이 머릿속에 영어의 소리들의 규칙에 대해 무의식적인 지식을 가지고 있기 때문에 가능한 것이다. 영어음운론은 이러한 영어 소리의 규칙과 체계를 연구하는 분야이다.

3.2 음소

음성학 연구의 기본 단위가 음성(phone)이라면, 음운론 연구의 기본 단위는 음소(phoneme)이다. 인간에 의해서 발화되는 모든 말소리는 음성(phone)이라면, 음소(phoneme)는 특정 언어 내에서 규정되는 소리 단위로서 단어의 뜻을 구분하는데 역할을 하는 최소의 소리 단위이다. 음성은 [ ] 안에 표기되고, 음소는 / / 안에 표기된다. [f]는 음성 'f'를 나타내고, /f/는 음소 'f'를 나타낸다.

(1) 음소

face [feɪs] − pace [peɪs] /f/, /p/

bag [bæg] − back [bæk] /g/, /k/

영어에서는 'face [feɪs]'라는 단어와 'pace [peɪs]'라는 단어는 서로 다른 뜻을 지니고 있고, 이 단어들이 다른 단어임을 알려주는 소리는 [f]와 [p]이다. 두 단어에서 첫 자음을 제외한 나머지 소리 [-eɪs]는 동일하므로 두 단어의 뜻을 구별해주는 역할을 하지는 않는다. 두 단어가 서로 다른 뜻을 가진 단어라는 것은 [f]와 [p] 소리에 의해 알 수 있게 된다. 즉, 'face'와 'pace' 두 단어의 뜻을 구별해 주는 역할은 [f]와 [p] 소리가 하며, 이렇게 한 언어에서 단어의 뜻을 구별해 주는 역할을 하는 소리인 [f]와 [p]를 음소 /f/와 /p/라고 한다. 즉, 영어에서는 [f]와 [p]가 'face'와 'pace'의 단어 뜻을 구별해주는 음소 /f/와 /p/인 것이다. 또 다른 두 단어의 예를 보면, 'bag [bæg]'와 'back [bæk]'의 뜻 차이를 가지고 오는 소리는 단어 끝소리인 [g]와 [k]이다. 두 단어의 앞소리는 [bæ-]로 동일하지만 두 단어의 끝소리인 [g]와 [k]의 차이로 인해 두 단어의 뜻이 달라지는 것이다. 따라서 'bag'와 'back'라는 단어 뜻의 차이를 가지고 오는 소리 [g]와 [k]는 영어의 음소이며 /g/와 /k/로 표기한다.

【연습문제】

A. 맞으면 O, 틀리면 X 하시오.

1. 단어의 뜻을 구별해주는 역할을 하는 소리를 음소라고 한다.
2. [s]와 [d]는 영어에서 'seal-deal'이라는 단어의 뜻을 구별하는 역할을 하므로 음소/s/와 음소/d/로 존재한다.
3. 음성 [f]는 영어에서는 음소/f/이지만, 한국어에서는 음소가 아니다.

3.3 최소대립어

언어의 화자가 해당 언어의 음소를 인지하지 못하면 의사소통은 불가하다. 언어마다 음소의 수나 종류는 다르다. 특정 언어에서 어떤 소리가 음소 역할을 하고 있고, 몇 개나 되는 음소를 가지고 있는지를 알 수 있는 간단한 방법은 해당 언어의 최소대립어(Minimal Pairs)를 찾는 것이다.

(2) 최소대립어 (Minimal pair)

a. bag – back [bæg] – [bæk]

b. soy – toy [sɔɪ] – [tɔɪ]

c. pace – peace [peɪs] – [pis]

d. save – sale [seɪv] – [seɪl]

*e. cat – cake [kæt] – [keɪk]

최소대립어란 'bag-back'처럼 같은 자리에 위치한 하나의 소리 때문에 뜻이 달라지는 두 단어를 지칭한다. 'soy-toy,' 'pace-peace,' 'save-sale' 등도 최소대립어이다. 'bag-back'은 단어 끝에 오는 [g]와 [k]에 의해, 'soy-toy'는 단어 첫 자음 [s]와 [t]에 의해, 'pace-peace'는 모음 [eɪ]와 [i]에 의해, 'save-sale'은 단어 끝 자음 [v]와 [l]에 의해, 단어 짝들 간의 의미가 달라진다. 이렇게 단어 짝에서 같은 자리에 오는 단 하나의 소리에 의해 뜻이 달라지면, 이 단어 짝을 '최소대립어(minimal pairs)'라고 한다. 최소대립어의 정의에 따르면 (2a)의 'cat'과 'cake'은 최소대립어가 아니다. cat은 [kæt]으로 발음되고 cake는 [keɪk]으로 발음이 되므로 두 단어의 뜻이 서로 다른 모음의 발음으로 뜻이 달라진 것인지, 아니면 끝 자음 때문에 달라졌는지 알 수 없다. 즉, 같은 자리에 나타나는 단 하나의 소리에 의해 두 단어의 뜻이 달라진 경우가 아니기 때문에 'cat'과 'cake'는 최소대립어가 아니다.

【연습문제】

1. 영어에서 최소대립어 3쌍을 찾으시오.

2. 한국어에서 최소대립어 3쌍을 찾으시오.

3. 최소대립어가 아닌 것을 고르시오.

a. day-say b. same-game

c. head-heal d. kick-king

3.4 음소와 변이음

단어의 의미를 구별하는 역할을 하는 음소는 화자의 머릿속에서 하나의 소리 단위로 저장되어 있다. 하지만 하나의 음소는 나타나는 환경에 따라 다양하게 발음되어 나타날 수 있다. 음소가 환경에 따라 실제 실현된 소리를 그 특정 음소의 변이음(allophone)이라고 한다. 예를 들어, 영어의 음소 /t/는 'top,' 'stop,' 'writer,' 'eighth'라는 단어에서 각각 다른 위치에 나타나며, 영어 화자들은 같은 음소를 발음한다고 생각하지만 실제 /t/의 음성적 실현은 각기 다르다.

(3) 영어 /t/

top [tʰɑp]
stop [stɑp]
writer [ɹaɪɾəɹ]
eighth [eɪt̪θ]

(3)에서 영어 음소 /t/는 'top'에서는 기식(aspiration)을 동반하는 [tʰ]로, 'stop'에서는 기식이 없는 [t]로, 'writer'에서는 탄설음(flap) [ɾ]로, 'eighth'에서는 치간음화한 [t̪]로 발음이 된다.1) (3)의 예에서 화자가 머릿속으로 발음하고자 하는 소리는 음소/t/이지만, 화자에 의해 실제 발음되는 소리는 음소 /t/의 변이음들로 각각 다른 4개의 소리 [tʰ, t, ɾ, t̪]이다. (4)는 음소 /t/의 변이음들을 보여준다.

---

1) 기식(aspiration)이란 파열음이 해제될 때 동반되는 강하고 많은 공기 덩어리를 지칭한다.

(4) 음소 /t/와 변이음

/t/ → [tʰ]
[t]
[ɾ]
[t̪]

영어의 모음은 기본적으로 구강음이다. 하지만 모음이 비음 앞에 위치했을 때는 비음화되어 발음된다. 'fat'은 [fæt]로 발음되지만, 'fan'은 [fæn]이 아니라 [fæ̃n]으로 모음이 비음화된 [æ̃]로 발음된다. 여기서 화자가 발음하려고 의도한 소리인 /æ/는 음소이며, 실제 발음되어진 소리인 [æ]와 [æ̃]는 음소 /æ/의 변이음들이다.

(5) 음소 /æ/의 변이음

/æ/ → [æ]
[æ̃]

【연습문제】

1. 음소는 /　/ 안에, 변이음은 ______ 안에 표기한다.
2. 음소가 나타나는 환경에 따라 실현된 구체적인 소리를 ________ 이라고 한다.

3.5 음절

인간의 말소리는 자음과 모음이라는 분절음(segment, phoneme)의 연속으로 이루어져 있다. 음운론에서는 인간의 발화는 분절음의 선형적인 연속이 아니라, 계층적 구조(hierarchy)를 가진다고 본다. 일반적으로 생각하는 발화 단위인 단어도 분절음이 선형적으로 단순하게 연결된 것이 아니라, 분절음들이 음절(syllable)이라는 계층적인 내부 구조를 가지고 있다고 본다.

예를 들어, 'computer'라는 단어는 단순히 /kəmpjutəɹ/라는 소리의 연속이 아니라, <그림 1>의 /kəm-pju-təɹ/가 보여주듯이 3개의 음절 단위로 나누어진 내부 구조를 가지고 있다고 보는 것이다.

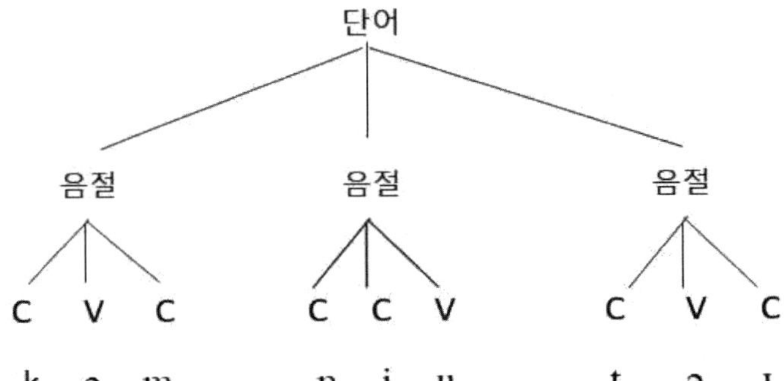

<그림 1> computer

'computer'에서 보듯이, 영어에서는 음절 개념이 문자 표기법에는 나타나지 않는다. 반면, 한국어에서는 문자표기법이 이미 음절의 개념을 포함하고 있다. 한국어는 음절 단위로 문자를 표기하고 있기 때문이다.

예를 들어, 한국어의 '책'은 1음절, '책상'은 2음절, '책꽂이'는 3음절이다. 하지만 영어는 음절 단위 구분 없이 문자를 표기하고 있다. 'strike'는 1음절, 'deny'는 2음절, 'radio'는 3음절이라는 것이 겉으로 드러나지 않는다.

음절을 구성하는 요소로 모음(vowel)과 자음(consonant)이 있는데, 여기서 모음은 필수적인(obligatory) 구성요소이며 자음은 선택적인(optional) 요소이다. 간단히 말하면, 음절(syllable)은 필수적인 모음과 선택적인 자음으로 이루어진 소리 단위이다. 따라서 모음 하나만으로는 음절을 구성할 수 있지만 자음 하나만으로는 음절을 이루지 못한다.

(6) 영어의 음절 수

1음절	2음절	3음절
cat /kæt/	deny /dɪnaɪ/	potato /pəteɪtə/
eye /aɪ/	about /əbaʊt/	vacation /vəkeɪʃən/
strike /stɹaɪk/	bookshelf/bʊkʃɛlf/	computer /kəmpjutəɹ/

(6)에서 보듯이, 모음이 하나인 'cat,' 'strike,' 'eye'는 1음절이고, 모음이 2개인 deny, about, bookshelf는 2음절, 모음이 3개인 'potato,' 'vacation,' 'computer'는 3음절이다. 여기서 모음은 문자에 표기된 모음이 아니라 음성기호로 표기된 발음되는 모음을 가리킨다.

음절을 이루고 있는 구성요소들도 선형적인 구조(linear structure)가 아니라 계층구조(hierarchical structure)를 가지고 있다. 먼저, 음절은 음절 두음(onset)과 각운(rhyme)으로 나누어져 있고, 각운은 다시 핵음

(nucleus)과 말음(coda)으로 나뉘어 있다. 아래 <그림 2>는 음절의 내부 구조를 보여준다.

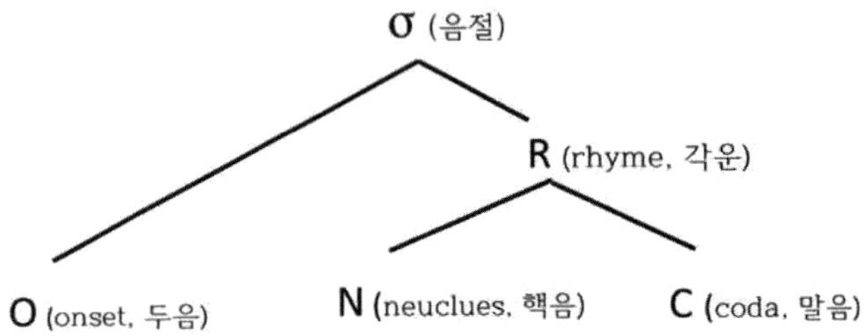

<그림 2> 음절의 내부구조

음절의 구조에서 핵음은 음절의 필수 요소이며 모음이 차지하는 자리이다. 두음은 핵음인 모음 앞에 오는 자음을 가리키며, 말음은 모음 뒤에 따라오는 자음을 지칭한다. 위 음절 구조에서 'σ'는 음절을 표시하며, 'R'은 각운을, 'O'는 두음을, 'N'은 핵음을, 'C'는 말음을 표시한다.

음절에서 핵음만 필수 요소이므로 핵음만 있는 음절, 두음이 없는 음절, 말음이 없는 음절도 가능하다. 아래 <그림 3>은 이 세 가지 유형의 단어를 예시로 보여준다. 'eye'는 핵음인 모음으로만 이루어진 음절이며, 'up'은 두음을 제외한 핵음과 말음으로 이루어진 음절이며, 'sea'는 두음과 핵음으로 이루어진 음절이다.

a. eye　　　　b. up　　　　c. sea

<그림 3> 'eye,' 'up,' 'sea'의 음절 구조

음절에서 'eye'나 'sea'처럼 음절 말음이 없는 음절을 개음절(open syllable)이라고 하고, 'up'처럼 음절 말음이 있는 음절을 폐음절(closed syllable)이라고 한다.

【연습문제】

1. 개음절을 찾으시오.
   a. ink　　b. tree　　c. big　　d. eat
2. 'print'의 두음, 핵음, 말음, 각운을 찾으시오.

3. 다음 단어의 음절 구조를 그리시오.
   a. bed　　b. tent　　c. in

3.6 자음군

하나의 음절은 하나의 모음(V)만을 가지지만, 두음이나 말음자리에 오는 자음의 수는 다양할 수 있다. 영어에서는 두음이나 말음에 0개에서 3개까지의 자음(C)이 나타날 수 있다. 두음이나 말음에서 자음이 2개 이상 나타나면 이를 자음군(consonant clusters)이라고 한다.

(7)에서 보면, 'eye'나 'owe'은 한 음절이지만 두음이나 말음 자리에 자음이 없고 모음만 지닌 한 음절의 단어이다. 하지만, 'sea,' 'free,' 'stray'의 단어들은 두음 자리에 자음이 3개까지 올 수 있음을 보여주고, 'up,' 'and,' 'world' 등의 단어들은 말음 자리에도 자음이 3개까지 나타날 수 있음을 보여준다. 여기서 'free,' 'green,' 'print', 'stray,' 'screen,' 'sprint'의 두음 /fr-, sm-, pr-, str-, skr-, spr-/은 두음의 자음군이며, 'and,' 'gold,' 'print,' 'sprint,' 'world,' 'tempt'의 /-nd, -ld, -nt -rld, -mpt/는 말음의 자음군이다.

(7) 영어의 음절구조

	음절구조	단어
핵음	V	eye, owe
두음	V	eye, up, and
	CV-	sea, cat, paint, world
	CCV-	free, smell, print
	CCCV-	stray, screen, sprint
말음	-V	eye, sea, free, spray
	-VC	up, cat, green, screen
	-VCC	and, gold, print, sprint
	-VCCC	world, tempt

【연습문제】

A. 다음 단어의 발음을 CV로 나타내시오.
예시: test CVCC

1. put
2. hint
3. go
4. free
5. strike
6. out

B. 자음군을 가진 단어를 모두 찾으시오.
a. past   b. map   c. sing   d. free

3.7 음소배열제약

영어의 음절구조에서 핵음 자리에는 모음이 위치하고, 두음이나 말음 자리에는 자음이 오며, 최대 3개까지 나타날 수 있음을 보았다. 이러한 음절 구조에 대한 규칙 외에도 음절을 구성하는 분절음의 연쇄에 대한 규칙이 존재하는데, 이를 음소배열제약(phonotactics)이라고 한다.

(8a)에의 단어 'play /pleɪ/,' 'strike /stɹaɪk/,' 'waste /weɪst/,' 'world /wəɹld/'는 가능한 분절음의 연쇄로 이루어진 실재하는 영어 단어이다. 하지만 (8b)에서 보듯이 이 단어들에서 두음에 오는 자음이나 말음에 오는 자음들의 순서를 바꾸게 되면, 이들의 분절음 연쇄는 영어에서 가능하지 않은 연쇄가 되며, 영어 단어로 존재할 수 없는 발음이 된다. (8b)의 두음 /lp-, tsr-/, 말음 /-ts, -dlr/의 연쇄는 영어에서 허용되지 않는다.

(8) a. 가능한 연쇄 b. 불가능한 연쇄

a. 가능한 연쇄	b. 불가능한 연쇄
play /pleɪ/	*/lpeɪ/
strike /stɹaɪk/	*/tsɹaɪk/
world /wəɹld/	*/wədlɹ/

영어의 대표적인 음소배열제약을 살펴보자. 첫째, 두음에 자음이 하나가 있을 때는 /ŋ/와 /ʒ/를 제외한 모든 자음이 위치할 수 있다. 즉, 모음 앞에 자음이 하나가 오는 경우에는 대부분의 자음이 자유롭게 나타날 수 있다. 하지만 /ŋ/나 /ʒ/는 모음 앞에 위치하지 않는다. 따라서 /ŋ/나 /ʒ/로 시작하는 영어 단어는 없다. 둘째, 음절 말음 자리에는 /h/가 오지

않는다. 즉, /h/는 모음 앞에만 나타나고 모음 뒤에서는 나타나지 않는다. 따라서 /h/로 끝나는 영어 단어도 존재하지 않는다. 셋째, 두음자리에 자음이 3개가 올 때는 첫 번째 자음은 /s/, 두번째 자음은 /p, t, k/중의 하나이며, 세번째 자음은 /l, r, w, j/중의 하나가 온다. 'street,' 'sprint,' 'scream' 모두 이 제약을 만족시킨다. 넷째, 두음에 자음이 두 개가 올 때는 첫 자음은 파열음, 마찰음, 비음이며, 두번째 자음은 접근음 /l, r, w, j/ 중에 하나이다. 'play,' 'print,' 'twin' 등이 그 예이다. 다섯째, 두음에 자음이 두 개가 올 때, 첫 자음이 /s/이면, 두 번째 자음은 /ŋ/와 /ʒ/를 제외하고 다 올 수 있다. 'small,' 'spa,' 'sleep' 등이 그 예이다.

【연습문제】

1. 음소배열제약을 정의하시오.

2. 다음에서 영어 단어가 아닌 것을 모두 고르시오.
   a. preak b. mput c. wtulk

3.8 동시조음

우리는 지금까지 분절음인 자음, 모음, 그리고 이러한 분절음이 어떻게 음절로 구조화되어 있는지를 살펴보았다. 그런데 우리가 실제 말소리를 발음할 때에는 분절음을 하나하나 분리해서 발음하는 것이 아니라, 선행하는 음과 후행하는 음을 상당히 겹쳐서 발음하는 동시조음(co-articulation)을 한다. 이 동시조음으로 인해 선행하는 음과 후행하는 음이 서로 영향을 주고받는다. 즉, 개별 자음과 개별 모음은 항상 같은 소리로 발음되는 것이 아니라 자음과 모음이 나타나는 환경에 따라, 인접한 음에 따라 조금씩 변화되어 발음이 될 수 있다. 이러한 동시조음의 효과로 나타나는 대표적인 음운현상이 동화(assimilation)와 탈락(elision)이다.

3.8.1 동화

동화(assimilation)는 음소가 붙어서 연속으로 발음될 때, 한 음소가 인접한 음소의 특성을 닮아가는 현상을 가리킨다. 영어에서 모음은 비음이 아니라 입으로 공기가 나와서 전달되는 구강음이다. 하지만, 이 모음이 비음 /m, n, ŋ/ 앞에 위치하게 되면, 모음이 비음화되어 비모음으로 발음이 된다. 이를 모음의 비음화(nasalization)라고 한다. 예를 들어, 'pin,' 'ten,' 'king'의 발음을 [pɪn], [tɛn], [kɪŋ]로 발음하는 것이 아니라 모음을 비음화하여 [pɪ̃n], [tɛ̃n], [kɪ̃ŋ]로 발음하는 것이다.[2)]

2) [~] 비음화를 나타낸다.

(9) 동화

a. pin [pɪn] → [pɪ̃n]

ten [tɛn] → [tɛ̃n]

king [kɪŋ] → [kɪ̃ŋ]

b. I can go [aɪ kæn goʊ] → [aɪ kəŋ goʊ]

incur [ɪnkəɹ] → [ɪŋkəɹ]

c. have to [hæv tə] → [hæftə]

모음뿐만 아니라 자음도 이웃한 음의 영향으로 동화된다. 대표적인 예로 조음위치 동화가 있다. 이는 음소가 자신의 조음위치로 발음되는 것이 아니라 인접한 음소의 조음위치에 동화되어 발음되는 것이다. 예를 들어, 'can'은 [kæn]으로 발음되지만, (9b)의 'I can go.'라고 말할 때, 'can'의 마지막 자음 /n/이 뒤에 오는 'go'의 /g/의 영향을 받아서 [n]이 아니라 연구개음 [ŋ]으로 바뀌어 [aɪkəŋgoʊ]라고 발음된다. 즉, 치경음 [n] 자음이 뒤에 오는 연구개음 [g]의 영향으로 같은 연구개음 [ŋ]로 동화되어 발음되는 것이다. (9b)의 'incur'도 [ɪnkəɹ]이라고 발음되지 않고 /n/이 뒤에 오는 연구개음 /k/에 동화되어 연구개음 /ŋ/으로 발음되어 [ɪŋkəɹ]라고 발음한다. (9c)의 'have to [hæv tə]'의 [v]는 뒤에 오는 [t]의 무성성에 동화되어 무성음 [f]로 변화하여 [hæftə]로 발음된다.

3.8.2 탈락

탈락(elision)은 일상적으로 말을 할 때 자음이나 모음이 생략되어 발음되는 현상을 지칭한다. 자음은 연이어 나타날 때 그 중 하나가 탈락되고, 모음은 강세를 받지 않을 때 흔히 생략된다. 예를 들어, 'friendship'이란 단어를 발음할 때, 'friend'의 /d/음을 발음하지 않고 [fɹɛnʃɪp]이라고 흔히 발음하는데, 이것이 자음 탈락의 예이다. 아주 천천히 말을 하는 경우가 아니라면 이러한 탈락은 영어 발음에서 흔한 현상이다. (10)에서 보면, 'aspects'도 끝에서 두 번째 자음인 /t/가 발음되지 않고 탈락되며, 'interest'나 'chocolate'에서는 강세 받지 않는 단어 중간에 위치한 /ə/가 생략되어 발음된다.

(10) 탈락

friendship	[fɹɛnd̲ʃɪp] → [fɹɛnʃɪp]
aspects	[æspekt̲s] → [æspeks]
must be	[məst̲ bi] → [məs bi]
interest	[ɪntə̲ɹɪst] → [ɪntɹɪst]
chocolate	[ʧɑkə̲lɪt] → [ʧɑklɪt]

【연습문제】

1. 발음할 때, 선행하는 음과 후행하는 음이 상당히 겹쳐지는 것을 ____________이라고 한다
2. ____________는 음소가 붙어서 연속으로 발음될 때, 한 음소가 인접한 음소의 특성을 닮아가는 현상을 가리킨다.
3. __________은 일상적으로 말을 할 때 자음이나 모음이 생략되어 발음되는 현상을 지칭한다.

연습문제

1. 음소와 변이음의 차이는 무엇인가?

2. 최소대립어는 무엇인가?

3. 다음에서 최소대립어를 찾으시오.

bad, test, tea, stop, fit, map, coat, bed, key, pin, put, cat, boat, date,sea, foot, bin, past, cap

4. 다음은 몇 음절의 단어인가?

a. happy
b. up
c. cat
d. open
e. smile
f. computer
g. pencil
h. printer

5. 음절은 무엇인가?

6. 음소배열론은 무엇인가?

7. 개방음절과 폐음절은 무엇인가?

8. 동화란 무엇인지 예를 들어 설명하시오.

9. 다음 단어에서 탈락되는 소리는 무엇인가?

a. every　　b. business

c. friendship　　d. aspects

연습문제

A. 맞으면 O, 틀리면 X 하시오.

1. ____ 음소는 추상적인 소리로 실제 발화에서 다르게 실현될 수 있다.
2. ____ 음성학은 한 언어의 소리체계를 연구하는 분야이다.
3. ____ 'mite-bite'는 영어에서 최소대립어이다.
4. ____ 변이음은 한 언어에서 단어의 의미를 구별해주는 기능을 한다.
5. ____ 음절은 반드시 자음을 가져야 한다.
6. ____ 두 개의 분절음이 인접해 있을 때, 이웃한 음에 영향을 받아 서로 닮아가는 소리로 변하는 현상을 동화라고 한다.

B. 물음에 답하시오.

1. 폐음절을 고르시오.

   a. do b. bee c. desk d. bay

2. 개음절을 고르시오.

   a. cup b. slip c. face d. go

3. 두음을 가지고 있는 단어를 고르시오.

   a. ant b. on c. ill d. bed

   a. net b. oat c. it d. ace

4. 말음을 가진 단어를 고르시오.

a. hat b. fly c. see d. eye

5. 자음군을 가지고 있는 단어를 고르시오.

a. oat b. appear c. fit d. sky

a. egg b. boat c. tent d. know

6. 영어의 /t/ 음소의 변이음을 예와 함께 쓰시오.

7. [s]와 [h]가 영어의 음소임을 나타내는 최소대립어를 쓰시오.

8. 'have to'가 [hæv tə]로 발음되지 않고 [hæftə]로 발음되는 이유에 대해서 쓰시오.

단어의 형성

4.1 신조어

언어는 탄생에서 현재에 이르기까지 끊임없이 변화하면서 발전해왔다. 언어의 변화를 가장 쉽게 볼 수 있는 분야 중의 하나가 새로운 단어의 탄생이라고 할 수 있다. 현재에도 수많은 새로운 단어들이 탄생하고, 사람들에게 즐겨 사용되기도 한다. 이렇게 새롭게 만들어지는 단어들을 신조어(coinage)라고 하며, 이들은 한동안 사용되다가 사라지기도 하고 보편화되어 사전에 등재되기도 한다.

이러한 신조어는 문명의 발달, 문화의 변화, 사회 간의 교류 등 여러 가지 이유로 발생한다. 영어의 'computer,' 'TV,' 'mobile phone' 등은 문명의 발전과 더불어 생겨난 단어이며, 'piano,' 'sofa,' 'yogurt,' 'khaki,' 'kimchi,' 'tycoon' 등은 국제적인 교류를 통하여 영어에 새로 도입된 단어들이다. 또한 문학 작품에서도 신조어가 많이 발생한다. 'countless'는 셰익스피어의 작품 속에서, 'hobbit'은 톨킨(Tolkien)의 작품 속에서 탄생한 단어들이다. 최근의 롤링(Rowling)의 작품 '해리포터(Harry Potter)'에서는 수많은 단어들이 새롭게 만들어져 어휘모음집(glossary)이 나오기도 했다. 대표적인 단어로 'apparate,' 'animagus,' 'muggle,' 'mudblood,' 'quidditch' 등이 있다. 이 단어들도 시간이 지나면 사라지거나 혹은 사전에 등재되는 단어로 남을 것이다.

4.2 어원 없는 신조어

대부분의 신조어들은 단어의 어원(root)을 가지고 있다. 즉, 기존에 존재하던 단어에 근거하여 새로운 뜻을 전달하기 위해서 변화되어 만들어지는 것이 대부분이기 때문이다. 예를 들어, 셰익스피어가 사용하기 시작한 'countless'는 'count(세다)'에 접사 '-less(-없는)'를 붙여서 '셀 수 없이 많은'이라는 뜻으로 쓰기 시작하였다. 'computer'라는 단어도 'compute'라는 동사에 접사 '-er'를 붙여 'computer'라는 단어를 만들었다.

하지만, 드물게 어원(root)없이 탄생하는 단어들도 있다. 컬페퍼(Culpeper 2005)에 따르면, 어원 없이 탄생한 신조어는 지난 50년간 만들어진 전체 신조어의 0.5%에 지나지 않는다. 그 대표적인 단어로 'googol'이 있다. 이 단어는 뒤에 인터넷 검색 사이트의 이름이자 '인터넷 검색을 하다'의 뜻을 지닌 'google'로 발전했다. 어원에 근거하지 않고, 새롭게 창조된 'googol'이라는 단어는 "10의 100제곱, 즉 1 뒤에 100개의 0이 뒤따라오는 수"라는 뜻을 지니며, 수학자 카즈너(Kasner)의 조카가 만들어낸 단어이다. 수학자는 1뒤에 0이라는 숫자가 100개나 따라오는 아주 큰 수를 지칭하는 단어가 필요했고, 조카에게 의견을 구해서 만든 단어라고 한다. 톨킨(Tolkien)이 만든 단어인 'hobbit'도 어원 없이 만들어진 단어 중 하나이다.

(1) 어원 없는 신조어

googol

hobbit

cuckoo

어원에 근거하지 않고 만들어지는 또 다른 부류로 의성어(onomatopoeia)가 있다. 의성어는 어원 없이 소리를 모방하여 만들어진 단어로서 영어에는 'beep,' 'clap,' 'cuckoo,' 'honk,' 'splash' 등이 있다.

지금부터는 영어에서 기존의 단어에 근거해서 새로운 단어를 만드는 조어법에 대해서 살펴본다. 조어법의 연구는 어원학(etymology)과 관련되어 있다. 어원학은 단어의 탄생이나 단어의 역사적 변화 과정 등을 연구하는 분야이다.

【연습문제】

1. 한국어나 영어에서 신조어의 예를 쓰시오.

4.3 차용어

영어는 지구상의 언어에서 단어 수가 가장 많은 언어 중의 하나이며, 이 단어들 중 70%가 다른 언어에서 들어온 차용어(borrowing)들이다. 차용어는 다른 언어에서 들어와서 새로운 자국어가 된 단어들을 지칭한다. 영어에서 17세기까지는 새로운 단어를 생성하는 방법으로 차용이 가장 많이 쓰였다.

역사적으로 영어는 외세 칩입의 영향으로 라틴어('library,' 'medicine,' 'client')에서 시작하여, 스칸디나비아어('die,' 'leg)', 프랑스어('judge,' 'beef,' 'dress,' 'beauty')로부터 수많은 차용어를 받아들였고, 르네상스기를 거치면서 여러 유럽 국가와의 교류를 통해 이탈리아어('piano,' 'aria'), 스페인어('potato,' 'tobacco') 등 다양한 유럽 국가들로부터 차용어를 들여왔다.[3] 영어가 국제어가 된 시기부터는 유럽권 언어뿐만 아니라 터키어('yogurt'), 스와힐리어('safari'), 아랍어('sofa'), 일본어('tycoon,' 'sushi'), 한국어('ondol,' 'kimchi') 등 다양한 언어들로부터 차용어가 영어로 유입되었다.

(2) 차용어

라틴어:	library, medicine, client
프랑스어:	judge, beef, dress, beauty
이탈리아어:	piano, aria
스페인어:	potato, tobacco

---

3) 스칸디나비아어는 고대 노르드어(Old Norse)와 고대 덴마크어(Old Danish)를 포괄적으로 지칭한다.

터키어:	yogurt
스와힐리어 :	safari
아랍어 :	sofa
일본어:	tycoon, sushi
한국어 :	ondol, kimchi

【연습문제】

1. 영어에 들어간 한국어의 차용어를 쓰시오.

4.4 합성어

합성어(compounding)는 기존에 존재하는 두 개의 단어를 합쳐서 새로운 단어를 만드는 방법으로 영어에서 잘 쓰이는 조어법 중 하나이다. 예를 들어, 'bookcase,' 'fingerprint,' 'textbook,' 'mobile phone,' 'greenhouse'가 합성어의 예들이다. 이 합성어들은 모두 명사이나 'good-looking,' 'low-paid,' 'full-time'처럼 형용사일 수도 있다.

(3) 합성어

a. 명사: bookcase, fingerprint, textbook, mobile phone, greenhouse

b. 형용사: good-looking, low-paid, full-time

이러한 합성어의 표기는 3가지로 나뉜다. 두 단어를 붙여서 표기하는 'bookcase' 같은 경우, 'low-paid'처럼 두 단어 사이에 하이픈(hyphen)을 넣는 경우, 'mobile phone'처럼 두 단어를 띄워서 쓰는 경우이다. 일반적으로 만들어진지 오래된 합성어일수록 붙여서 쓰고, 최근에 만들어진 합성어일 경우는 띄워서 쓰는 경향이 있다.

4.5 혼성어

혼성어(blending)는 합성어처럼 두 단어의 조합으로 이루어지지만, 두 단어를 있는 그대로 합치는 것이 아니라, 두 단어의 부분을 합하여 새로운 하나의 단어를 만드는 방법이다. 이렇게 만들어진 단어로는 'smog,' 'motel,' 'brunch' 등이 있다. 'smog'는 'smoke'와 'fog'가, 'motel'은 'motor'와 'hotel'이, 'brunch'는 'breakfast'와 'lunch'가 섞여서 만들어진 혼성어이다.

(4) 혼성어

smog	←	smoke	+	fog
motel	←	motor	+	hotel
brunch	←	breakfast	+	lunch

이 외에도 혼성어로 'email,' 'netizen,' 'emoticon,' 'sitcom' 등이 있다.

【연습문제】

1. 영어의 합성어의 예를 찾아 쓰시오.
2. 영어의 혼성어의 예를 찾아 쓰시오.

4.6 전성어

전성어(conversion)은 단어가 가진 본래의 기능(품사)으로 쓰이다가, 그 쓰임이 확대되어 다른 기능(품사)으로도 쓰이게 된 단어를 가리킨다. 예를 들어, 영어에서 'spy'라는 단어는 원래 명사로 사용되었지만, 이제는 문장에서 동사로도 사용이 된다. 이런 경우 동사 'spy'를 새로운 단어의 생성이라고 보아서, 동사 'spy'를 '전성어'로 간주한다.

이 전성 과정은 특히 현대 영어에서 많이 사용되고 있다. 아래는 그 예시들이다. (5a)가 보여주듯이, 'head,' 'butter,' 'finger,' 'acation' 등은 원래 명사로 사용되었으나 요즘은 그 기능이 동사로 확대되어 사용된다.

(5) 전성

a. 명사 → 동사

head	She has <u>headed</u> the research team.
butter	Have you <u>buttered</u> the toast?
finger	He was <u>fingering</u> his watch.
vacation	They are <u>vacationing</u> in Hawaii.

b. 동사 → 명사

must	Warm clothes are a <u>must</u> in the mountains.
guess	My <u>guess</u> is that her car has broken down.

(5b)의 예시는 동사로 사용되던 'must,' 'guess' 단어가 최근에는

명사로도 사용됨을 보여주고 있다.

【연습문제】

1. 아래 단어들은 전성되어 쓰인다. 어떻게 전성되었는지 설명하시오.

a. dress　　b. ship　　c. walk

4.7 단축어

단축어(clip)는 2음절 이상의 긴 단어의 부분을 잘라내어 짧게 만들어진 단어이다. 우리가 빈번하게 쓰는 'fax,' 'gas,' 'phone'의 단어들도 'facsimile,' 'gasoline,' 'telephone'의 일부분을 잘라내어 짧게 만들어진 단어들이다. 단축된 형태의 단어가 많이 쓰이다 보면 그 해당 단어의 본래 형태가 잘 인지되지 않기도 한다. 'bus,' 'fan,' 'cab' 등은 'omnibus,' 'fanatic,' 'cabriolet' 등에서 나온 단어들이지만 후자의 긴 단어는 잘 쓰이지 않는다. 아래 (6)이 보여주는 'ad,' 'flu,' 'perm,' 'math,' 'chem,' 'lab,' 'gym,' 'exam' 단어들은 일상에 많이 사용되는 단축형 단어들로 본래의 긴 단어의 짝은 'advertisement,' 'influenza,' 'permanent wave,' 'mathematics,' 'chemistry,' 'laboratory,' 'gymnasium,' 'examination' 이다.

(6) 단축

ad ← advertisement
flu ← influenza
perm ← permanent wave
math ← mathematics
chem ← chemistry
lab ← laboratory
gym ← gymnasium
exam ← examination

영어에서는 사람의 이름 또한 단축의 대상이 된다. 'Al,' 'Ed,' 'Liz,' 'Mike,' 'Sam,' 'Sue,' 'Tom' 등은 'Albert/Alfred,' 'Edward/Edwin,' 'Elizabeth,' 'Michael,' 'Samuel/Samantha,' 'Susan/Susanna,' 'Thomas'의 단축어이다. 이런 단축어들은 공식적인 상황보다 일상적인 상황에서 많이 쓰이며, 긴 단어일수록 단축이 많이 적용된다.

【연습문제】

1. 단축어의 예를 쓰시오.

4.8 두문자어

두문자어(acronym)는 여러 개의 단어(/형태소)로 이루어진 하나의 명사를 각 단어(/형태소)의 첫 글자를 모아서 만든 단어이다. 모여진 첫 글자들은 모두 대문자로 표기되기도 하고, 때로는 소문자로 표기되기도 한다.

(7) 두문자어 (대문자)

CD ← compact disk
UN ← United Nations
PIN ← personal identification number
ATM ← automatic teller machine
DIY ← do it yourself
TV ← television

(7)의 'CD,' 'UN,' 'PIN,' 'ATM,' 'DIY,' 'TV' 등은 'compact disk,' 'United Nations,' 'personal identification number,' 'automatic teller machine,' 'do it yourself,' 'television'에서 유래한 두문자어로 대문자로 표기된다. (8)의 'laser,' 'radar,' 'zip'은 두문자어이지만 단어의 첫 글자들이 모여 소문자로 표기되는 두문자어다. 이들은 소문자로 표기되어 두문자어임을 쉽게 알 수 없는 단어들이다. 'laser,' 'radar,' 'zip'은 각각 'light amplification by stimulated emission of radiation,' 'radio detecting and ranging,' 'zone improvement plan'에서 유래하였다. 'zip'은 우편번

호를 의미한다.

(8) 두문자어 (소문자)

laser ← light amplification by stimulated emission of radiation

radar ← radio detecting and ranging

zip ← zone improvement plan

【연습문제】

1. 두문자어의 예를 쓰시오.

4.9 파생어

영어에서 가장 많이 사용되는 조어법은 파생(derivation)이다. 파생은 기존의 단어에 접사(affix)를 붙여서 새로운 단어를 만드는 방법이다. 접사(affix)란 뜻을 지니고 있지만 독립해서 단어로는 쓰이지 않는 형태로, 단어의 앞에 붙는 접두사(prefix)와 단어의 뒤에 붙는 접미사(suffix)가 있다. 'unhappy'라는 단어는 'happy'라는 단어에 접두사 'un-'이 붙어서 새로운 단어 'unhappy'가 만들어진 것이다. 'happiness'라는 단어는 'happy'에 접미사 '-ness'가 붙어서 만들어진 단어이다. 이렇게 접사가 붙어서 만들어진 단어를 파생어(derived words)라고 한다. 영어의 접두사로는 'un-,' 'mis-,' 're-' 등이 있고 접미사로는 '-ly,' '-ful,' '-less,' '-er' 등이 있다. (9)의 파생어들은 이러한 접사가 붙어서 만들어진 단어들이다. 아래에 열거된 접사 이외에도 영어에는 많은 접사가 있으며, 이들은 수많은 영어 단어를 생성해 왔다.

(9) 파생어

un-: unhappy, uncomfortable, uncertain
mis-: misunderstand, misjudge, misfortune
re-: recall, reform, reanalysis, remind
-ly: happily, certainly, beautifully
-ful: helpful, soulful, handful, beautiful
-less: careless, heartless, tireless, harmless
-er: player, painter, teacher, singer

(9)의 'recall,' 'reform,' 'reanalysis,' 'remind'의 예는 접두사 're-'가 단어 'call,' 'form,' 'analysis,' 'mind'의 앞에 붙어서 '다시'라는 의미를 부가한 단어를 만든다는 것을 알 수 있다. 'player,' 'painter,' 'teacher,' 'singer'라는 단어는 접미사 '-er'이 동사인 'play,' 'paint,' 'teach,' 'sing' 뒤에 붙어 '-하는 사람'이라는 뜻을 부가한 단어를 생성함을 알 수 있다.

【연습문제】

1. 파생어의 예를 쓰시오.

4.10 역성어

역성어(backformation)는 파생어와 혼돈되기 쉬운 조어법이다. 파생어가 기존의 단어에 접사가 붙어서 새로운 단어를 만든다면, 역성어는 기존의 단어에서 접사나 접사라고 생각되는 부분을 제거하여 새로운 단어를 만드는 방법이다. 'babysit'은 '아이를 돌보다'라는 뜻을 가진 동사인데 이 단어는 기존에 있던 'babysitter'라는 명사에서 사람을 뜻하는 접사 '-er'을 제거하고 만든 동사이다. 일반적으로는 파생어의 과정에서 보았듯이, 동사에 '-er'을 붙여서 새로운 명사를 만든다. 하지만 'babysit'이라는 단어는 그 반대의 형성 과정을 가졌기 때문에 역성어라고 한다. 역성어인지 파생어인지를 판단하기 위해서는 그 단어의 역사(etymology)를 알아야만 한다.

이렇게 파생어와 반대의 과정으로 탄생한 역성어에는 'babysit,' 'donate,' 'aircondition,' 'burgle,' 'edit' 등이 있다. 이 단어들은 'babysitter,' 'donation,' 'airconditioner,' 'burgler,' 'editor'라는 명사가 먼저 생기고, 그 다음 동사의 필요성에 의해 접사 부분을 제거해서 만들어진 단어들이다.

(10) 역성어

babysit	←	babysitter
donate	←	donation
air-condition	←	air-conditioner
burgle	←	burgler
edit	←	editor

4.11 고유이름어

신조어의 형성에 고유명사(proper noun)가 영향을 주기도 한다. 고유이름어(eponym)는 인명, 지명 등의 고유명사가 더 이상 고유명사가 아니라 일반적인 의미를 지닌 보통의 단어로 바뀐 경우에 지칭되는 명칭이다. 예를 들어, 'sandwich'라는 단어는 도박을 즐겨하는 샌드위치(Sandwich) 백작의 이름에서 유래하였다. 백작이 도박을 위해 식사시간을 줄이려고 빵 사이에 고기를 넣은 음식을 먹기 시작했고, 그 음식을 백작의 이름을 따서 부르기 시작함으로써 탄생한 단어가 샌드위치(sandwich)이다.

이러한 고유이름어로 'jeans'과 'boycott'이 있다. 청바지를 의미하는 단어인 'jeans'는 청바지를 만드는 천을 처음 만든 이탈리아의 도시의 이름을 따서 만든 단어이다. 'boycott'는 '(구매, 사용 등을) 거부하다'라는 뜻을 지닌 단어로 아일랜드의 재산관리인 Boycott의 부당한 행위에 맞서 지역주민들이 그에게 물건을 팔지 않고 그의 농장에서 일하기를 거부하면서부터 생겨난 단어이다. 이 외에도 'cardigan,' 'xerox,' 'pasteurise,' 'watt' 등도 고유이름어이다.

(11) 고유이름어

sandwich, jeans, boycott, cardigan, xerox, pasteurise, watt, atlas

연습문제

1. 합성어와 혼성어의 차이는 무엇인가?

2. 두문자어와 단축어를 예를 들어 설명하시오.

3. 파생어와 역성어의 차이는 무엇인가?

4. 전성어를 예를 들어 설명하시오.

5. 아래는 새로운 단어가 만들어지는 방법을 분류한 것이다. 1-9에 주어진 단어가 어떤 방법으로 만들어졌는지 찾아 쓰시오.

1. 전환	2. 차용어	3. 합성어	4.혼성어	5. 파생어
6. 단축어	7. 역성어	8. 두문자어	9. 고유이름어	

a. __________ sofa

b. __________ fax

c. __________ notebook

d. __________ donate

e. __________ DIY

f. __________ smog

g. __________ jeans

h. __________ national

i. __________ a must

6. 아래 단어는 어떤 조어법에 의해 만들어졌는가?

a. piano, tycoon, yogurt, jewel, sofa,

b. bookcase, waterbed, fingerprint, textbook, doorknob

c. smog, motel, brunch, telecast

d. fax, gas, flu, condo, perm, chem, exam, math, gym

e. babysit, televise, donate, edit, burgle

f. sandwich, hoover, jeans, watt, cardigan

g. CD, VCR, PIN, ATM, DIY

h. mislead, unhappy, careless, foolish, disrespectful

형태론

5.1 형태론

언어는 말소리로 이루어져있고, 말소리는 음소로 표현될 수 있으며, 음소는 모여서 음절을 구성하며, 이러한 음절이 모여서 단어가 될 수 있음을 보았다. 그리고 4장에서는 새로운 단어가 형성되는 여러 가지 조어법을 살펴보았다. 5장에서는 단어의 구조에 대하여 살펴볼 것이다. 단어의 구성과 구조에 대하여 연구하는 분야를 형태론(morphology)이라고 한다. 음운론 연구의 기본 구성단위가 음소(phoneme)이였다면, 형태론 연구의 기본 구성단위는 형태소(morpheme)이다.

5.2 형태소

음운론에서 다루었던 소리 단위인 음소나 음절은 의미와는 무관하다. 음소 /p/나 /i/는 영어에서 의미를 지니지 않으며, 음절 /pæ/ 또한 의미를 가지지 않거나 의미와는 무관한 소리 단위일 뿐이다. 반면, 형태소는 의미를 지닌다. 형태소(morpheme)는 의미를 지니고 있는 가장 작은 소리 단위(the minimal unit of meaning)이다. 만약 하나의 음소라도 또는 하나의 음절이라도 의미를 지니게 되면, 그것은 그 언어의 형태소가 된다. 예를 들어, 영어의 'eye /aɪ/'는 하나의 음소를 지니고 있지만, '눈'이라는 의미를 지니고 있으므로 하나의 형태소이다. 영어 단어 'tea /ti/'는 하나의 음절로 이루어져 있지만, '차'라는 의미를 지니고 있으므로 형태소이다.

단어도 또한 의미를 지니는 기본 구성단위이다. 하지만 단어와 형태소는 비슷하지만 다른 개념이다. 단어는 하나의 형태소로 이루어지기도 하고 2개 이상의 형태소가 결합하여 단어를 형성하기도 한다. (1)에 있는 단어, 'eye,' 'tea,' 'street,' 'open' 등은 하나의 형태소로 이루어진 단일형태소(mono-morphemic) 단어이다.

(1) eye, tea, street, open, appear, potato, celebrate

반면에 (2)의 단어들은 2개 이상의 형태소의 결합으로 이루어진 복합형태소(morphologically complex) 단어이다. 예를 들어, 'unhappy'라는 단어는 '행복하지 않은'이라는 의미를 지니는 하나의 단어이지만 '않은(not)'이라는 의미를 지닌 'un-'과 '행복한' 이라는 의미를 지닌 'happy'의 결합으로 이루어진 두 개의 형태소가 결합하여 생긴 단어이다.

(2) unhappy ← un + happy
painted ← paint + ed
notebook ← note + book
personality ← person + al + ity

'painted'는 'paint'와 '-ed'의 결합이며, 'notebook'은 'note'와 'book', 'personality'는 'person,' '-al,' '-ity'가 결합된 복합형태소 단어들이다.

【연습문제】

1. 형태소와 음소의 차이는 무엇인가?

2. 다음 단어는 몇 개의 형태소로 구성되어 있는가?

a. redo b. past

c. rechargeable d. books

5.3 자립형태소와 의존형태소

'unhappy'라는 단어는 두 개의 형태소 'un-'과 'happy'로 구성되어 있다. 여기서 형태소 'un-'과 'happy'는 서로 다른 성격의 형태소이다. 'happy'처럼 독립된 단어로 기능할 수 있는 형태소를 자립형태소(free morpheme)라고 하며, 'un-'처럼 스스로 독립하여 하나의 단어로 기능할 수 없는 형태소를 의존형태소(bound morpheme)라고 한다. 의존형태소는 특정 단어에 붙어야만 단어로서 존재할 수 있다.

(3) 자립형태소와 의존형태소

a. 자립형태소: book, computer, school, go, celebrate

b. 의존형태소: un-, re-, -al, -ity, -ed, -ing, -s

자립형태소에는 'book,' 'computer,' 'school.' 'go,' 'celebrate' 등이 있고, 의존형태소는 'un-,' 're-,' '-al,' '-ity,' '-ed,' '-ing,' '-s' 등이 있다. 4장에서 보았던 접사(affix)가 바로 의존형태소로서 그 자체만으로는 단어가 될 수 없다. 'unhappiness'라는 단어는 1개의 자립형태소 'happy'와 두 개의 의존형태소 'un-'과 '-ness'가 결합한 단어이다. 'cats'라는 단어는 'cat'이라는 자립형태소와 '-s'라는 의존형태소가 결합한 단어이다.

(4) unhappiness

un	+	happy	+	ness
의존형태소		자립형태소		의존형태소

(5) cats

cat + s

자립형태소 의존형태소

【연습문제】

1. 다음 단어의 자립형태소와 의존형태소를 찾으시오.

a. restore

b. graceful

c. shorten

d. illegal

5.4 어휘형태소와 기능형태소

혼자서 독립된 단어로 기능할 수 있는 자립형태소도 그 특성에 따라 어휘형태소(lexical morpheme)와 기능형태소(functional morpheme)로 분류된다. 어휘형태소는 의미 전달이 주목적인 내용어(content words)로서 명사, 동사, 형용사, 부사를 포함한다. 예를 들어, 'book,' 'cat,' 'go,' 'open,' 'sad,' 'happy,' 'well,' 'quickly' 등이 어휘형태소이다.

(6) a. 어휘형태소: 명사, 동사, 형용사, 부사
book, cat, go, open, sad, happy, well, quickly

b. 기능형태소: 접속사, 전치사, 관사, 대명사
and, but, on, in, the, an, they, her

기능형태소는 문장에서 단어들 간의 관계를 명확히 하는 기능을 하는 형태소로서 접속사, 전치사, 관사, 대명사를 포함한다. 'and,' 'but,' 'on,' 'in,' 'the,' 'an,' 'they,' 'her' 등이 기능형태소이다.

일반적으로 새로운 단어가 추가될 때, 그 신조어는 대부분 어휘형태소이며, 기능형태소의 단어는 사전에 추가되는 일이 거의 없다. 따라서 어휘형태소는 새로운 단어의 추가가 가능한 '열린(open) 형태소'라고 하며, 그렇지 않은 기능형태소는 '닫힌(closed) 형태소'라고 한다.

5.5 파생형태소와 굴절형태소

혼자서 독립된 단어로 기능할 수 없는 의존형태소도 그 특징에 따라 파생형태소(derivational morpheme)와 굴절형태소(inflectional morpheme)로 분류된다. 파생형태소는 단어에 붙어서 새로운 단어를 만들어내는 형태소를 지칭하며, 굴절형태소는 단어에 붙더라도 새로운 단어를 형성하는 것이 아니라 단어의 문법적 기능만을 바꿀 뿐이다. 예를 들어, 형용사인 'good'이라는 단어에 '-ness'라는 접사가 붙으면, 'goodness'라는 새로운 명사가 만들어진다. 여기서 '-ness'라는 의존형태소는 새로운 단어를 도출하는 파생형태소이다. 반면, 명사 'book'이라는 단어에 복수 접사인 '-s'가 붙어서 만들어지는 단어인 'books'는 새로운 단어가 아니라 단지 문법적으로 복수의 의미만이 추가된다. 따라서 '-s'는 굴절형태소인 것이다.

파생형태소는 4장에서 파생어를 만드는 접사로 소개되었다. 파생형태소는 단어의 앞에 붙는 접두사(prefix)와 단어의 뒤에 붙는 접미사(suffix)가 있다. 접두사에는 're-,' 'pre-,' 'ex-,' 'mis-,' 'un- '등이 있으며, 접두사가 단어에 붙을 때는 새로운 단어를 만들어내지만 기존 단어의 품사를 바꾸지는 않는다. (8)은 대표적인 파생접두사를 보여준다. 're-'는 동사에 붙어 '다시'라는 의미가 추가된 새로운 단어를 만들며, 'mis-'는 동사나 명사에 붙어 '잘못, 나쁜'의 의미를 추가한다. 'un-'은 형용사 앞에 붙어 '반대'의 의미를 만든다.

(7) 파생형태소: 접두사

re-: redo, reopen, remake, rewrite

mis-: misunderstand, misjudge, misfortune

un-: unhappy, uncomfortable, uncertain

파생형태소 중에서 접미사는 단어의 뒤에 붙어서 대부분 기존 단어의 품사를 바꾸면서 새로운 단어를 만들어낸다. (8)은 영어의 대표적인 접미사를 보여준다. '-ful'은 명사에 붙어서 '가득한'이라는 의미의 형용사를 만들고, '-less'는 명사에 붙어서 '-가 없는'이라는 의미의 형용사를, '-er'는 동사에 붙어서 '-하는 사람'이란 뜻을 가진 명사를 만든다. '-en'은 형용사에 붙어서 형용사를 동사로 바꾸는 기능을 하는 접미사이다. 'wide'에 '-en'이 붙으면 '넓은'에서 '넓히다'라는 뜻으로 바뀐다. 대부분의 접미사가 기존의 단어 품사를 바꾸지만, -ship은 품사를 바꾸지는 않는다. 예를 들어, 명사 'friend'에 '-ship'을 붙여도 뜻만 바뀔 뿐이지 품사는 그대로 명사이다.

(8) 파생형태소: 접미사

-ful; helpful, soulful, handful, beautiful

-less: careless, heartless, tireless, harmless

-er: player, painter, teacher, singer

-en: widen, lengthen, thicken, broaden

-ship: friendship, membership, citizenship

파생형태소가 단어에 붙어서 새로운 단어를 만들어내는 반면, 굴절형태소는 그렇지 않다고 하였다. 영어에서 굴절형태소는 문법적 의미를 추가하는 기능을 하며, 모두 단어의 끝에 붙는 접미사이다. 굴절형태소가 붙는다고 해서 결코 단어의 품사가 바뀌지는 않는다. (9)에서 영어에 존재하는 8개의 굴절형태소를 보여준다. 굴절형태소 /–'s –s/는 명사 뒤에서, /–s, –ing, –ed, –en/는 동사 뒤에서, /–er, –est/는 형용사 뒤에 나타난다.

(9) 굴절형태소

명사 뒤:	–'s, –s
동사 뒤:	–s, –ing, –ed, –en
형용사 뒤:	–er, –est

'–'s'는 'Mary's book'에서처럼 선행하는 명사의 소유격을 나타낼 때, '–s'는 'books'에서 보듯이 선행하는 명사의 복수를 나타내기 위해서 쓰인다. 동사 뒤에 붙는 '–s'는 (10c)에서처럼 동사가 현재이고 주어가 3인칭 단수임을 표시하는 기능을 한다. (10d, e , f)에서 '–ing'는 동사가 진행형임을 나타내며, '–ed'는 과거임을, '–en'은 과거분사임을 나타낸다. (10g, h)의 '–er'과 –'est'는 형용사 뒤에 붙어서 형용사의 비교급과 최상급을 나타낸다. 앞에서 밝혔듯이 굴절형태소가 붙는다고 해서 새로운 단어가 만들어졌다고 보지 않으며, 단지 문법적인 정보가 부가된 것으로 본다.

(10)
a. –'s: Mary's book
b. –s: books, roses
c. –s: She likes to play tennis.
d. –ing: She is playing tennis.

e. -ed; She played tennis.

f. -en: She has taken an exam.

g. -er: She is taller than him

h. -est: She is the tallest in her class.

파생형태소와 굴절형태소는 그 기능에 있어서 분명히 다르지만 그 형태에 있어서 같은 경우가 있다. 예를 들어, '-er'의 형태소는 동사에 붙어서 명사를 만드는 파생형태소인 경우도 있지만, 형용사에 붙는 굴절형태소일 수도 있다. (11a)의 'player,' 'teacher,' 'singer'의 '-er'은 동사를 명사로 만드는 파생형태소이지만 (11b)의 'bigger,' 'taller,' 'wider'의 '-er'은 비교급을 만드는 굴절형태소이다. 굴절형태소가 단어에 부가될 경우 결코 품사를 바꾸지는 못한다. (11b)의 비교급은 굴절형태소가 부가되기 전 형태인 'big,' 'tall,' 'wide'와 같이 여전히 형용사이다.

(11) -er

a. 파생형태소: player, teacher, singer

b. 굴절형태소: bigger, taller, wider

【연습문제】

1. 다음 단어의 파생형태소와 굴절형태소를 찾으시오.

a. restore	b. graceful	c. longer
d. goes	e. books	f. happiness

5.6 파생형태소와 굴절형태소의 배열

한 단어에 파생형태소가 두 개 이상이 나타나는 경우도 많다. (12)의 단어들은 복수의 파생형태소가 붙은 예들이다.

(12) 파생어

a. usefulness ← use + ful + ness

b. insanity ← in + sane + ity

c. unbelievably ← un + believe + able + ly

'usefulness'는 'use'라는 단어에 명사에 붙는 파생형태소 '-ful'이 붙어서 형용사 'useful'을 만들고, 형용사에 붙는 파생형태소 '-ness'가 다시 붙어서 'usefulness'를 만들었다. 'insane'의 경우에는 'sane'이라는 형용사에 반대의 의미를 지니는 파생형태소 'in-'과 명사를 만드는 파생형태소 '-ity'가 앞뒤로 첨가되어 'insanity'라는 단어를 형성했다. (12c)의 'unbelievably'는 'believe'라는 동사에 형용사를 만드는 '-able'이 붙어서 'believable'이라는 형용사를 만들고, 이 후 접두사 'un-'과 접미사 '-ly'가 첨가되어 'unbelievably'이라는 단어를 만들었다. 이렇게 한 단어 안에 파생형태소가 복수로 존재할 수 있다.

파생형태소가 한 단어에 여럿 나타날 경우, 형태소의 붙는 순서는 형태소의 특성에 따라 결정된다. (13a)의 '*usenessful'은 가능하지 않은 형태인데, 그 이유는 '-ness'라는 형태소는 형용사에만 붙을 수 있고, '-ful'은 명사에만 붙을 수 있는 형태소이기 때문이다. '*unbelievelyable'

이 가능하지 않은 이유도 '-ly'는 형용사에만 붙을 수 있고, '-able'은 동사에만 붙을 수 있기 때문에, 이에 어긋한 '*unbelievelyable'은 허용되지 않는다. 즉, (9)의 굴절형태소처럼 파생형태소도 붙을 수 있는 단어가 엄격하게 정해져 있다.

(13) *a. usenessful ← use+ness+ful

*b. unbelievelyable ← un+believe+ly+able

(14)에서는 영어의 대표적인 파생형태소들이 결합할 수 있는 품사들을 보여준다.

(14) un- +형용사: unhappy, unkind, unable, uncertain

in-+형용사: insane, incorrect, impossible

명사 + -ful: beautiful, handful, helpful, soulful

명사 + -al: personal, national, additional

형용사 + -ness: happiness, coldness, madness

형용사 + -ly: beautifully, happily, madly

동사 + -er: player, teacher, painter, singer

동사 + -tion: prediction, invention, fixation

접두사인 'un-'과 'in-'은 형용사 앞에 오며, '-ful'과 '-al'은 명사 뒤에, '-ness'와 '-ly'는 형용사 뒤에, '-er'과 '-tion'은 동사 뒤에 붙는다.

단어에 따라, 파생접사와 굴절접사가 같이 나타나는 경우도 있다. 이 경우에는 반드시 굴절접사가 단어의 가장자리에 위치해야 한다. (15a)와

(15b)의 'teachers'와 'purified'의 경우는 굴절형태소인 '-s'와 '-ed'가 단어의 끝에 와서 문법적인 단어이다. 하지만 'happierness'의 경우는 굴절형태소 '-er'이 단어의 중간에 위치한 비문법적인 단어이다.

(15) a. teachers ← teach + er (파생) + s(굴절)

b. purified ← pure + ify (파생) + ed(굴절)

*c. happierness ← happy + er (굴절) + ness(파생)

【연습문제】

A. 맞으면 O, 틀리면 X 하시오.

1. 단어 구성에서 굴절형태소는 파생형태소 뒤에 위치해야 한다.

2. 'smaller'에서 '-er'은 파생형태소이다.

5.7 형태소 분류

지금까지 살펴본 형태소들을 정리하면 아래와 같다.

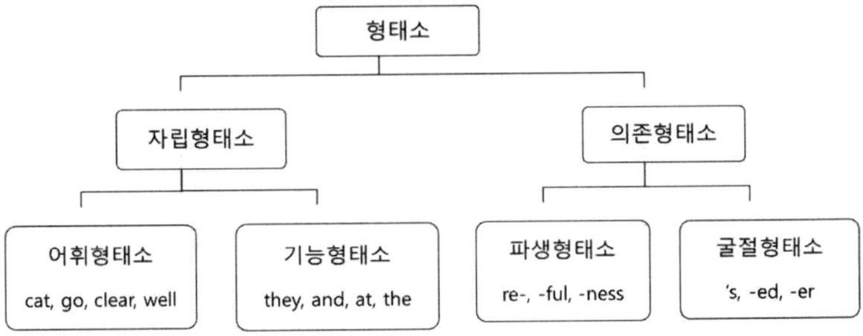

<그림 1> 형태소 분류

5.8 형태소와 이형태

형태소란 의미를 가지고 있는 작은 소리 단위라고 하였다. 모든 형태소는 3가지 정보를 가지고 있다. 첫째, 형태소가 어떻게 소리로 발음이 되는가, 즉, 음소적 정보를 가지고 있다. 'cat'이라는 형태소는 /kæt/으로 발음되어야 한다. 둘째, 형태소의 뜻, 의미 정보를 가지고 있다. 'cat'이라는 형태소는 '고양이'라는 의미를 가지고 있다. 셋째, 형태소는 문법 기능적 정보를 가지고 있다. 'cat'은 어휘형태소로서 명사라는 정보를 가지고 있다.

(16) 형태소

a. cat	발음(음운)	/kæt/
	뜻(의미)	고양이
	기능(통사)	명사
b. -er	발음(음운)	/-ər/
	뜻(의미)	-하는 사람
	기능(통사)	파생형태소, 동사 뒤에 붙는 접미사

영어의 'player,' 'teacher,' 'trainer' 등의 단어에 나타나는 파생형태소 '-er'은 /-ər/라는 음운 정보, '-하는 사람'이라는 의미정보, '동사 뒤에 붙는 파생형태소'라는 통사적 정보를 가진다.

'cat,' '-er'라는 형태소에서 보듯이, 하나의 형태소는 반드시 하나의 음운 정보를 가지고 있어서 그 형태소가 어떻게 발음되어야 하는 지를 알려준다. 하지만 형태소도 환경에 따라 다르게 발음이 될 수 있다. 앞서 3장에서 음소(phoneme)라는 소리의 단위가 항상 같은 소리로 발음이 되는 것이 아니라 나타나는 환경에 따라 여러 가지 변이음(allophone)으로 나타날 수 있음을 보았다. 영어의 /t/ 음소가 'top,' 'stop,' 'writer'의 단어에서 [t^h], [t], [ɾ]로 다르게 발음이 됨을 보았다. 이런 현상이 형태소에도 나타난다. 다음의 예들을 살펴보자.

(17) books, teachers, schools, buses, roses, cats, boys

(17)의 단어들을 형태론적으로 분석하면, 이들은 모두 공통된 형태소, 복수를 나타내는 형태소를 가지고 있다.

(18) book+s, teacher+s, school+s, bus+es, rose+s, cat+s, boy+s

여기서, 복수를 뜻하는 형태소의 정보를 정리해 보면 다음과 같다.

(19) 복수 형태소

발음(음운)	/-s/
뜻(의미)	2개 이상, 여럿
기능(통사)	굴절형태소, 명사 뒤에 붙는 접미사

복수형태소' -s'는 /-s/라는 음운 정보를 가지며, '2개 이상'의 의미를

지니고, 명사에 붙는다. 하지만, (20)은 이 형태소가 항상 /-s/로 발음되는 것이 아니라, 선행하는 명사에 따라 달리 발음됨을 보여준다.

(20) books [s], cats [s]
teachers [z], schools [z], boys [z]
buses [ɪz], roses [ɪz]

복수의 형태소가 'book,' 'cat' 명사 뒤에서는 [s]로, 'teacher,' 'school,' 'boy' 뒤에서는 [z]로 'bus,' 'rose' 뒤에서는 [ɪz]로 발음된다. 즉, 복수형태소 '-s'는 /-s/라는 음운 정보를 가지지만, 실지 발음 될 때는 [s], [z], 혹은 [ɪz]로 실현된다. 여기서, 하나의 복수형태소가 실제 발음된 다양한 형태인 [s], [z], [ɪz]를 복수형태소의 이형태(allomorph)라고 한다.[4)]

(21) /-s/의 이형태
[s]
[z]
[ɪz]

영어에서 명사의 복수형은 위에 언급된 규칙적인 형태소 외에도 또 다른 형태소들을 가지고 있다. 예를 들어, deer, sheep, salmon, swine

4) 영어의 과거형 동사인 'opened,' 'washed,' 'wanted'에서 과거형태소 '-ed'의 발음은 선행하는 동사에 따라 [d], [t], 혹은 [ɪd]로 발음이 된다. 'opened'에서는 [d], 'washed'에서는 [t], 'wanted'에서는 [ɪd]로 발음된다. 즉, 과거형태소 /-ed/는 [d], [t], [ɪd]의 이형태를 가진다.

같은 명사는 단수와 복수의 형태가 동일하다. 이 경우, 복수형 'deer,' 'sheep,' 'salmon'은 복수 형태소로 실체가 보이지 않는 '영형태소(zero morpheme'를 가지고 있다고 한다.

(22) 영형태소

단수	복수
deer	deer + ∅
sheep	sheep + ∅
salmon	salmon + ∅

【연습문제】

1. 형태소가 가지는 3가지 정보는 무엇인가?

2. 이형태를 정의하시오.

3. 복수형태소의 이형태를 예와 함께 쓰시오.

연습문제

1. 형태소란 무엇인가?

2. 자립형태소와 의존형태소를 구분하여 설명하시오.

3. 다음 단어에서 의존형태소를 찾으시오.

a. personal	b. benefits
c. enlarge	d. frequently
e. widen	f. impolite
g. unreal	h. naturalness

4. 다음 단어에서 어휘형태소를 찾으시오.

a. start	b. they
c. before	d. the
e. and	

5. 다음 문장에서 기능형태소를 찾으시오.

He filed the paperwork with the facilities department a week ago.

6. 파생형태소와 굴절형태소를 구분하여 설명하시오.

7. 다음 단어에서 파생형태소를 찾으시오.

a. personality
b. length
c. readable
d. agreement
e. readers

8. 다음 문장에서 굴절형태소를 찾으시오.

She is younger than me and always dresses in the lastest style.

9. 다음 단어의 복수 형태소를 찾으시오.

a. dogs
b. judges
c. deer
d. sheep
e. children
f. tests

10. 다음 단어를 형태소를 나누고, 형태소를 어휘형태소, 기능형태소, 파생형태소, 굴절형태소 등으로 구분하시오.

a. cats
b. unhappy
c. rejoin
d. unspeakably
e. tables
f. running
g. colder
h. childish
i. bee's
j. liked
k. reconditioned

문장의 구조

6.1 문장과 품사

앞장에서 음절은 모음과 자음으로 구성되어 있으며, 단어는 형태소로 이루어져 있음을 보았다. 인간은 발화할 때, 자음과 모음으로 이루어진 음절 하나만을 발음하는 것도 아니고, 단어 하나만을 사용하는 것도 아니고, 다수의 단어들을 연결하여 만들어진 문장의 형태로 의사를 전달한다. 문장은 기본 구성성분(constituent)으로 단어를 가지며, 이 단어들의 연결로 이루어진 발화 단위이다. 음절을 구성할 때에도 자음과 모음이 무작위로 결합되는 것이 아니라 규칙에 의해서 만들어지며, 단어도 형태소가 무작위로 연결되는 것이 아니라 규칙에 의해서 조합된다. 문장도 마찬가지로 의미를 가진 단어가 무작위로 조합되는 것이 아니라 정해진 규칙에 의해 나열되고 조합되어야 적절한 문장이 형성된다. (1)과 (2)의 문장은 같은 단어를 사용하여 나열되지만, (1)의 문장은 적절한 반면 (2)의 문장은 적절하지 않다.

(1) The black cat chased a big ball.
(2) *Black the cat ball a big chased.

(1)에 주어진 단어를 사용하여 (3)과 (4)에 있는 또 다른 문법적인 문장을 만들 수도 있다.

(3) The cat chased a big black ball.

(4) The big cat chased a black ball.

같은 단어들이 사용되었지만, (1), (3), (4)는 가능한 문장인 반면, (2)는 비문법적인 문장이다. 즉, 문장을 형성하기 위해서는 단어들이 무작위로 연결되는 것이 아니라 적절한 순서로 배열되어야 한다. 그러한 단어의 적절한 배열에 영향을 주는 결정적 요인은 단어의 문법적인 범주라고 할 수 있다. 단어의 문법적 범주란 일반적으로 단어의 품사를 지칭한다. 영어에서는 'the black cat,' 'a big ball,' 'a black ball,' 'the big cat'과 같이 '관사+ 형용사+ 명사'의 순으로 나열된 어구는 허용되지만, 'black the cat'과 같이 '형용사+ 관사+ 명사'나 'ball a big'처럼 '명사+ 관사+ 형용사'의 순으로 나열된 어구는 허용되지 않는다.

전통문법(traditional grammar)에서부터 사용한 단어의 문법적 범주/품사는 아래의 8가지로 분류된다.

(5) 영어의 8품사

a. 명사(noun)는 사람, 사물, 생물의 이름이나 추상적인 개념 등을 나타낼때 사용되는 단어이다.

boy, soldier, box, corn, window, dog, benefit, odor, work

b. 대명사(pronoun)는 이미 알고 있는 사람이나 사물을 지칭할 때 사용하는 단어이다.

I, you, they, theirs, yourself, him, it, one

c. 관사(article)는 사물을 분류하거나 이미 아는 명사를 지칭할 때 명사 앞에 사용하는 단어이다.

a, an, the

d. 동사(verb)는 행동, 동작, 상태 등을 표현하는 단어이다.

come, bring, kick, discuss, sleep, belong

e. 형용사(adjective)는 명사나 대명사에 대해 정보를 주는 단어로 명사를 수식한다.

good, high, beautiful, wise, strange, slow

f. 부사(adverb)는 행동, 상태, 사건 등에 관한 정보를 주는 단어로 문장에서 동사, 형용사, 또는 다른 부사를 수식하는 단어이다.

nicely, quickly, really, now, very, yesterday

g. 전치사(preposition)는 명사 앞에 위치하며, 시간, 장소, 또는 행위나 사물에 관련된 관계에 관한 정보를 제공하는 단어이다.

at, in, on, with, between, without, near

h. 접속사(conjunction)는 단어, 구, 절을 연결하기 위해서 사용되는 단어이다.

and, but, after, before, since, when

위의 8품사 분류는 학교 문법에서도 다루어지는 내용이다. 여기서는 문장의 구조적, 통사적 분석을 위해서 위의 8품사에서 관사(article) 대신에 한정사(determiner)라는 문법 범주를 사용한다. 한정사는 명사 앞에 위치하여 명사의 범위를 한정하는 역할을 한다는 점에서 관사와 같으나, 한정사는 관사만을 지칭하는 것이 아니라 같은 역할을 하는 다른 다수의 단어들을 포함한다. (6)에서 보듯이, 'a(n),' 'the,' 'some,' 'this,' 'any,' 'every,' 'my' 등이 한정사로 분류된다.

(6) 한정사(determiner)는 뒤따라오는 명사의 범위를 한정하는 단어이다.

a(n), the, some, this, any, every, my, your

이러한 품사 개념을 바탕으로 문장 속에서 단어들이 어떠한 문법적 범주로 기능하고 있는지를 살펴보자.

(7) 품사

The boy found a small box on the table and opened it quickly.

The	boy	found	a	small	box	on	the	table	and	opened	it	quickly.
한정사	명사	동사	한정사	형용사	명사	전치사	한정사	명사	접속사	동사	대명사	부사

(7)에서 'boy,' 'box,' 'table'은 명사이고, 명사 앞에 위치한 'the,' 'a'는 한정사이며, 'small'은 명사 'box'를 수식하는 형용사이고, 'found,' 'opened'는 동사이며, 'it'은 대명사이고, 'on'은 전치사이며, 'quickly'는 부사이다.

각각의 단어들은 고유의 의미를 지니고 있고, 위에서 기술된 8가지 문법적 범주로 분류된다. 하지만 여기서 주의할 점은, 단어들의 문법적 범주는 단어의 특성에 의해 이미 정해져 있지만, 많은 단어들이 하나 이상의 문법적 범주로 사용된다는 점이다. 이렇게 다수의 문법적 범주를 가지는 단어들의 실질적인 문법적 범주는 그 단어가 문장에 나타나는 위치로부터 알 수 있다. 예를 들어, 문장에 따라 단어 'work'는 명사나 동사로 분류되며, 단어 'before'는 접속사, 전치사, 부사로도 분류된다.

(8) a. She often brings <u>work</u> home with her from the office.

b. She <u>works</u> herself too hard.

c. The boy ate breakfast <u>before</u> he went to school.

d. The boy arrived <u>before</u> lunch.

e. The boy found it last night, not <u>before</u>.

(8a)의 'work'는 동사 'bring'의 목적어로 '일거리'라는 명사로 사용되고 있고, (8b)의 'work'는 '일하다'라는 동사로 사용되고 있다. (8c)에서 'before'는 '학교 가기 전에'라는 의미로 절과 절을 연결하는 접속사로, (8d)에서 'before'는 '점심 전에'라는 명사인 'lunch' 앞에서 전치사로, (8e)에서는 '그전에'라는 부사로 사용되고 있다. 이러한 단어의 문법적 범주(품사)를 파악하는 일은 영어의 문장 구조를 이해하는데 기본적이며 필수적이다.

【연습문제】

A. 다음 문장에서 각 단어의 품사를 쓰시오.

1. Sarah had always considered him a very kind person.
2. The length of a soccer filed varies from stadium to stadium.

6.2 문장과 어구

모든 문장은 주어(subject)와 술어(predicate)로 구성되어 있다. 주어는 문장의 화제를 말하며, 술어는 이를 설명하는 역할을 한다. (9)의 4개의 문장들을 주어(subject)와 술어(predicate)로 나눌 수 있다.

(9) a. The boy // sleeps.
b. The boy // sleeps in the park.
c. He // chased a big ball.
d. The boy in the red shirt // chased a big ball in the park.

(9)의 각 문장에서 'The boy,' 'He,' 'The boy in the red shirt'가 문장의 주어가 되고, 나머지 후행하는 어구가 술어가 된다. 만약 (10)에서와 같이 주어와 술어의 경계가 아닌 곳에서 문장을 두 부분으로 나누어 보면, 나누어진 각각의 어구들은 화제와 설명이라는 의미의 명확성을 전달해 주지 못한다.

(10) *a. The // boy sleeps.
*b. The boy sleeps // in the park.
*c. He chased // a big ball.
*d. The boy in the red shirt chased // a big ball in the park.

이것은 문장이 기본적으로 (9)에서처럼 주어와 술어라는 두 부분으로 의미를 전달하기 때문이다.

문장에서 주어는 명사를 포함한 어구인 명사구로 이루어지고, 술어는 동사를 포함한 동사구로 이루어진다. 단어가 문장의 구성성분(constituent)이듯이, 주어나 술어 역할을 하는 명사구와 동사구도 문장을 이루는 하나의 구성성분이다. 문장은 기본적인 구성성분인 단어뿐만 아니라, 내부에 어구(phrase)라는 또 다른 구성성분을 가지고 있다. 어구(phrase)는 몇 개 단어들의 조합으로 형성된다. 문장의 구성성분 역할을 하는 어구(phrase)로는 명사구(noun phrase), 동사구(verb phrase), 전치사구(prepositional phrase), 형용사구(adjective phrase), 부사구(adverb phrase)가 있다.

명사구(noun phrase, NP)는 명사가 핵심 요소이며, 영어에서는 주어, 목적어, 전치사의 목적어 역할을 한다. (11)의 줄 친 부분은 명사구이다.

(11) 명사구

a. Bill mailed a letter.

b. Three people came late.

c. The student from Seoul stayed in the house.

d. They walk their dog daily.

e. The boy in the red shirt chased a big ball in the park.

f. The boy in the red shirt chased a big ball in the park.

(11a, d)의 'Bill'이나 'They'처럼 고유명사나 대명사 하나만으로도 명사구를 구성할 수 있으며, (11a, b, d, e, f)에서의 'a letter,' 'three people,' 'the student,' 'the house,' 'the boy,' 'the park'처럼 한정사+명

사로도 구성된다. (11e, f)의 'a big ball,' 'the red shirt'는 한정사+ 형용사+ 명사로 명사구를 형성하며, (11c, e)는 한정사+ 명사+ 전치사구로 명사구를 구성할 수 있음을 보여준다.

(12) 명사구 유형

a. 대명사, 고유명사, 명사

b. 한정사 + 명사

c. 한정사 + 형용사 + 명사

d. 한정사 + 명사 + 전치사구

동사구(verb phrase, VP)는 동사가 핵심어이며, 문장의 술어로 기능한다. (13)의 문장에서 줄 친 부분이 동사구이다.

(13) 동사구

a. The boy <u>sleeps.</u>

b. The boy <u>sleeps in the park.</u>

c. He <u>chased a big ball.</u>

d. The boy in the red shirt <u>chased a big ball in the park</u>.

(13a)의 동사구는 하나의 동사 'sleeps'만을 가지고 있고, (13b)의 동사구는 동사와 전치사구 'in the park'를 포함하고 있다. (13c)의 동사구는 동사 'chased'와 명사구 'a big ball'로 이루어져 있고, (13d)의 동사구는 동사, 명사구, 전치사구를 모두 포함하고 있다. 모든 동사구의 핵심어는 동사이다.

(14) 동사구 유형

a. 동사

b. 동사 + 전치사구

c. 동사 + 명사구

d. 동사 + 명사구 + 전치사구

전치사구(prepositional phrase)는 전치사를 핵심어로 하는 어구이다. 전치사구는 명사구에서 보았듯이, 명사구의 수식 어구로 기능할 수 있고, 동사구에서도 동사의 수식어구로도 기능할 수 있다. (15)의 밑줄 친 부분이 전치사구이다.

(15) 전치사구

a. The boy sleeps in the park.

b. The boy in the red shirt chased a big ball in the park.

c. She slept on a bed of straw.

d. She slept on a bed of straw.

전치사구 'in the park'는 (15a)에서는 동사 'sleeps' 뒤에, (15b)에서는 목적어 'a big ball' 뒤에, 전치사구 'in the red shirt'는 주어 'the boy' 뒤에서, (15c)의 전치사구 'on a bed of straw'는 동사 'slept' 뒤에서 나타나며, 'of straw'라는 또 다른 전치사구를 포함하고 있다. 문장의 다양한 위치에 나타나는 전치사구의 구성 요소를 살펴보면, 핵심어인 전치사 뒤에 명사구가 따라옴을 알 수 있다. 명사구의 형태는 (12)에서 살펴본 바와 같다.

(16) 전치사구 유형

a. 전치사 + 명사구

형용사구(adjective phrase)의 핵심어는 형용사이며, 문장에서 주로 명사 앞이나 연결동사(linking verb) 뒤에 나타난다. (17)의 밑줄 친 부분이 형용사구이다.

(17) 형용사구

a. The water feels warm.

b. The children were very happy.

(17a)에서는 형용사 'warm'이 형용사구를 형성하고 있으며, (17b)에서는 형용사 'happy'와 이를 수식하는 부사 'very'가 형용사구를 형성하고 있다.

(18) 형용사구 유형

a. 형용사

b. 부사 + 형용사

마지막으로 부사구(adverb phrase)는 부사가 핵심어이다. (19)의 밑줄 친 부분이 부사구이다.

(19) 부사구

a. He walks slowly.

b. They lived very happily.

(19a)에서는 'slowly'가 부사구를, (19b)에서는 부사인 'happily'와 이를 수식하는 또 다른 부사 'very'가 함께 부사구를 형성하고 있다.

(20) 부사구의 유형

a. 부사

b. 부사1+ 부사2

모든 부사가 부사를 수식할 수 있는 것은 아니고, 일반적으로 양태(manner)부사나 정도(degree) 부사가 부사를 수식한다.

(21) a. very slowly *very sometimes

b. so happily *so yet

지금까지 문장의 구성성분으로서 어구에 대해서 살펴보았다. 어구는 단어들의 조합이며, 한 어구 안에 또 다른 어구가 포함되어 있을 수 있음을 살펴보았다. 아래 문장의 구성성분을 살펴보자.

(22) 문장의 구성성분

The boy in the red shirt chased a big ball in the park yesterday.

a. 단어

The(한정사), boy(명사), in(전치사), the(한정사), red(형용사), shirt(명사), chased(동사), a(한정사), big(형용사), ball

(명사), in(전치사), the(한정사), park(명사), yesterday(부사)

b. 어구

명사구:	The boy, the red shirt, a big ball, the park, The boy in the red shirt
동사구:	chased a big ball in the park yesterday
전치사구:	in the red shirt, in the park
부사구:	yesterday

c. 문장

The boy in the red shirt chased a big ball in the park yesterday.

위 문장에서 각각의 단어는 문법적 범주인 품사로 표기되는 문장의 구성성분이다. 주어인 'the boy in the red shirt'는 명사구이며, 그 안에 전치사구(in the red shirt)를 포함하고 있다. 술어인 'chased a big ball in the park yesterday'는 동사구이며, 그 안에 동사(chased), 명사구(a big ball), 전치사구(in the park), 부사(구)(yesterday)를 포함하고 있다. 그리고 모든 전치사구 안에는 명사구가 포함되어 있다. 또한, (22c)의 전체 문장도 하나의 구성성분이다.

【연습문제】

1. 아래 문장에서 명사구를 찾으시오.

   I cannot hide my feelings from her.

2. 아래 문장에서 전치사구를 찾으시오.

   I cannot hide my feelings from her.

3. 아래 문장에서 동사구를 찾으시오.

   I cannot hide my feelings from her.

4. 아래 문장에서 형용사구를 찾으시오.

   John is nervous before an exam.

5. 아래 문장에서 부사구를 찾으시오.

   She runs fast.

연습문제

A. 다음 문장에 나타난 모든 단어의 품사를 쓰시오.

1. The student from Seoul stayed in the house.

2. Their accent was very strange to me.

3. The plane leaves at noon tomorrow.

4. The woman kept a large snake in a cage, but it escaped recently.

5. A clever magician with the right equipment can fool the audience easily.

B. 다음 문장의 밑줄 친 단어의 품사를 쓰시오.

1. The girl goes for a long <u>walk</u>.
2. The girl <u>walks</u> her dog every day.
3. I have been there only <u>once</u>.
4. <u>Once</u> the first trial is made, the rest is easy.
5. <u>They</u> walk <u>their</u> dog every day.
6. The boy runs <u>fast</u>.

7. He is a fast runner.

8. He hopes to win the election.

9. She told me all her hopes, dreams, and fears.[5)]

C. 다음 문장에 밑줄 친 부분이 문장의 구성성분이면 O를 하고, 아니면 X 하시오. O인 경우 그 구성성분의 이름을 쓰시오.

1. Jane has a black dog.

2. Jane has a black dog.

3. Chris ate the sweet candy.

4. Chris ate the sweet candy.

5. The little brother snores.

6. The little brother snores.

7. The children ate their dinner quickly.

8. She paid the woman with a bill.

9. Some students hate computers.

10. The tired teachers had a party.

11. Many birds are nesting on campus.

12. The bride and groom ran to the church.

13. The cat is on the mat.

14. This is a nice idea for a gift.

15. The men fell slowly.

---

5) 10. The girl walked down in the wine cellar.
11. She walked down the hill.
12. We flew direct to Hong Kong.
13. They are in direct contact with the hijackers.
14. Could you direct me to the station?

통사론

7.1 통사론

통사론(syntax)이란 문장을 구성하는데 있어서 단어의 배열에 관해서 연구하는 분야이다. 이 단어는 그리이스어의 '함께'라는 뜻을 지닌 'syn'과 '배열'을 뜻하는 'tax'를 조합한 단어이다. 전통적인 문장의 분석 방법은 문장의 선형적인 구조에서 구성 요소의 연쇄나 배열에 대한 정확한 기술을 하는 것이 목표였다. 하지만 최근 통사론의 문장 분석은 구성 요소의 선형적인 배열을 기술하는 것에 목표를 두는 것이 아니라, 문법적인 문장을 '생성(generate)'해 낼 수 있는 문법 규칙을 찾는 것에 목표를 두고 있다. 문장을 생성해 내는 문법을 생성문법(generative grammar)이라고 한다.

생성문법은 언어학자 촘스키(Chomsky)에 의해 시작되었는데, 그는 인간의 창조적인 언어 능력은 인간에게 내재된(inherent) 무의식적인(unconscious) 언어 지식(linguistic knowledge) 때문에 가능하다고 보았다. 촘스키에 따르면, 이러한 언어 지식은 유한한 수의 규칙으로 이루어져 있으며, 이 유한한 수의 규칙으로 무한한 수의 문장을 생성해 낼 수 있다. 현대 언어학의 목표는 바로 무한한 수의 언어를 생성해 내는 유한한 수의 규칙을 찾는 것이다. 여기서 무한한 수의 문장을 생성해 내는 유한한 수의 규칙을 생성문법이라고 한다.

문법은 한 언어의 문법적인 문장을 모두 생성해 낼 수 있어야하고, 동시에 비문법적인 문장은 생성하지 않아야 한다. 이를 생성문법의 '모든 그리고 오로지 기준(all and only criterion)'이라고 한다. 즉, 최대한 제한된 수의 규칙으로 모든 문법적인 문장을 그리고 문법적인 문장만을 생성해 낼 수 있는 문법을 찾아야하는 것이다. 다양하고 무한한 문장을 모두 기술할 수 있는 규칙을 찾아내는 것은 결코 쉬운 일은 아닐 것이다. 7장에서는 간단한 기본적인 문장들을 생성할 수 있는 문법을 살펴본다.

7.2 기호

통사론에서 사용하는 기본적인 기호를 살펴보면, 먼저 통사범주를 나타내는 축약어는 아래와 같다.

(1) 통사범주 기호

S	문장(sentence)
N	명사(noun)
V	동사(verb)
Adj	형용사(adjective)
Adv	부사(adverv)
Prep	전치사(preposition)
Det	한정사(determiner)
PN	고유명사(proper noun)
Pro	대명사(pronoun)
NP	명사구(noun phrase)
VP	동사구(verb phrase)
AdjP	형용사구(adjective phrase)
AdvP	부사구(adverb phrase)
PP	전치사구(prepositional phrase)

문장은 S, 명사는 N, 동사는 V, 형용사는 Adj, 부사는 Adv, 전치사는 Prep, 한정사는 Det, 고유명사는 PN, 대명사는 Pro, 명사구는 NP, 동사구

는 VP, 형용사구는 AdjP, 부사구는 AdvP, 전치사구는 PP로 나타낸다.

통사범주뿐만 아니라 통사규칙의 핵심인 구구조규칙(phrase structure rules)에 사용되는 기호는 (2)와 같다.

(2) 구구조규칙 기호

a. → '~으로 구성 된다'

b. ( ) '선택적 요소'

c. { } '여러 요소 중 하나만 선택'

위의 기호들을 명사구를 생성하는 (3)의 구구조규칙을 통해 살펴보자.

(3) a. NP → Det (Adj) N

b. NP → Pro

c. NP → PN

(2a)에서 '→'는 '~으로 구성된다'라는 뜻이므로, (3a)의 'NP → Det (Adj) N'은 '명사구가 Det, Adj, N 순으로 구성된다'라는 뜻이다. 여기서 (2b)의 ( )는 선택적 요소를 나타내므로 (Adj)는 형용사가 명사구를 구성하는데 선택적인 요소임을 뜻한다. 즉, 명사구에서 형용사는 나타나기도 하고 나타나지 않기도 한다는 뜻이다. (4a)의 줄 친 명사구 'A boy'에서는 형용사 없이 명사구를 형성하고, (4b)의 'A small boy'에서는 형용사가 한정사와 명사 사이에 위치하여 명사구를 형성하고 있다. 즉 (3a)의 구구조규칙은 (4a)와 (4b)에 나타나는 두 개의 다른 유형의 명사구를 하나의 규칙으로 설명하고 생성한다.

(4) a. A boy chased a ball in the park.

b. A small boy chased a big ball in the park.

c. He chased a ball in the park.

d. John chased a ball in the park.

(3b)와 (3c)의 명사구 규칙은 (4c)와 (4d)의 밑줄 친 명사구를 생성하기 위한 규칙이다. (3b)의 'NP → Pro'는 '명사구는 대명사로 구성된다'라는 규칙으로 한정사나 형용사 없이 대명사만으로 명사구를 형성하는 (4c)의 명사구 'He'를 생성한다. (3c)의 'NP → PN'는 '명사구는 고유명사로 구성된다'라는 규칙으로 역시 한정사나 형용사 없이 고유명사만으로 (4d)의 명사구 'John'이 형성될 수 있음을 보여준다.

영어의 다양한 명사구를 생성하기 위해서는 (3)의 3개의 명사구 규칙이 필요하다. 여기서 우리는 (2c)의 중괄호 { } 기호를 사용하여 (3)의 3개의 분리된 규칙을 하나의 규칙 (5)로 간결화시킬 수 있다. 생성문법의 목표는 최대한 간결한 규칙으로 무한의 복잡한 문장을 생성할 수 있어야 하므로 규칙의 수는 적을수록 좋은 문법이다.

(5) NP → {Det (Adj) N, Pro, PN}

(2c)에서 중괄호 { }는 '여러 요소 중 하나만 선택'한다는 것을 뜻하므로 (5)에 있는 명사구 규칙은 명사구(NP)는 'Det (Adj) N,' 'Pro,' 'PN' 중에서 하나의 규칙으로 형성된다는 것을 보여준다. 즉, (4)에서 보여주는 다양한 명사구를 (5)의 단 하나의 규칙으로 생성하는 것이다.

【연습문제】

A. 다음 기호는 무엇을 나타내는가?

1. PN
2. Adj
3. S
4. PP
5. Det
6. Prep
7. Adv
8. ( )
9. { }
10. →

7.3 구구조규칙

구구조규칙은 문장을 생성하는 규칙이다. (6)은 영어의 기본적인 문장을 생성할 수 있는 구구조규칙이다.

(6) a. S → NP VP

b. NP → {Det (Adj) N (PP), Pro, PN}

c. VP → V (NP) (PP) (Adv)

d. PP → Prep NP

(6)에 있는 4개의 구구조규칙으로 영어의 수많은 기본적인 문장을 생성할 수 있다. (6a)의 'S → NP VP' 규칙은 문장은 명사구와 동사구로 구성된다는 규칙이다. 영어의 모든 문장은 주어인 명사구와 술어인 동사구로 이루어져 있다. (6b)의 'NP → {Det (Adj) N (PP), Pro, PN}' 규칙은 명사구를 형성하는 규칙으로 우리가 (5)에서 본 규칙에서 명사 뒤에 선택적인 전치사구가 올 수 있다는 '(PP)'가 추가된 규칙이다. (5)의 규칙보다 (6b)의 규칙이 영어의 명사구를 더 많이 설명하고 생성할 수 있는 규칙이므로 수정되었다. (5)의 규칙은 (4)에 나타난 명사구를 설명하나 (7)의 밑줄 친 명사구를 생성하기에는 불충분한 것이다.

(7) a. The student from Seoul stayed in the house.

b. The boy in the red shirt chased a big ball in the park.

(7a)와 (7b)의 밑줄 친 명사구는 '한정사+ 명사+ 전치사구'로 이루어진 주어 역할을 하는 명사구이다. 즉, 명사구가 명사 뒤에 선택적으로 전치사구를 포함할 수 있다는 것을 규칙(6b)는 N 뒤에 (PP)를 추가하여 보여준다. 구구조규칙은 영어의 모든 문법적인 문장을 생성할 수 있어야 한다.

(6c)의 규칙 'VP → V (NP) (PP) (Adv)'는 '동사구는 동사와 선택적인 명사구, 선택적인 전치사구, 선택적인 부사로 구성된다.'는 규칙이다. 동사구에서는 동사는 필수요소이며, 명사구, 전치사구, 부사는 선택적으로 동사구에 포함될 수 있다. (6c)의 동사구 규칙은 (8)의 동사구의 생성을 설명해준다.

(8) a. The baby cried.
V

b. The boy kicked a ball.
V+ NP

c. The boy kicked a ball to the wood.
V+ NP+ PP

d. The boy kicked a ball to the wood slowly.
V+ NP+ PP+ Adv

e. The boy bought a ball yesterday.
V+ NP+ Adv

f. The boy stayed in the house.
V+ PP

g. The boy came late.
V+ Adv

h. The boy slept in the park yesterday.
V+ PP+ Adv

(8a)의 동사구는 'cried'라는 'V'로 이루어져 있고, (8b)의 'kicked a ball'은 'V+ NP'로, (8c)의 'kicked a ball to the wood'는 'V+ NP+ PP'로, (8d)의 'kicked a ball to the wood slowly'는 'V+ NP+ PP+ Adv'로, (8e)의 'bought a ball yesterday'는 'V+ NP+ Adv'로, (8f)의 'stayed in the house'는 'V+ PP'로, (8g)의 'came late'는 'V+ Adv,' (8h)의 'slept in the park yesterday'는 'V+ PP+ Adv'로 이루어져 있다. (8)의 8가지 다른 동사구 유형을 (6c)의 동사구 구구조규칙은 그대로 생성이 가능하다.

(6d)의 'PP → Prep NP'는 전치사구를 생성하는 규칙으로 전치사구는 전치사와 명사구로 구성되어야 한다는 규칙이다. 영어의 모든 전치사구는 전치사와 명사구로 이루어져 있다. (9)의 문장들도 모든 전치사구가 전치사와 명사구로 이루어져 있음을 보여준다.

(9) a. The student from [Seoul] stayed in [the house].
b. The boy in [the red shirt] chased a big ball in [the park].
c. The boy slept on [the bed of straw].

여기서, 전치사구 안의 구성 요소인 명사구는 명사구 구구조규칙에 의해 고유명사, 대명사, 한정사+ 형용사+ 명사, 또는 한정사+ 형용사+ 명사+ 전치사구 등으로 다양하게 나타날 수 있다.

【연습문제】

A. 다음 구구조규칙이 무슨 의미인지 설명하시오.

a. S → NP VP

b. VP → V (NP) (PP) (Adv)

B. 다음 규칙에 부합하지 않는 명사구는?

NP → {Det (Adj) N, Pro, PN}

a. she　　b. a pretty girl

c. a bright John　　d. Mary

7.4 수형도

지금까지 살펴본 문장을 생성하는 구구조규칙은 문장이 단어들의 선형적인 연결만으로 형성되는 것이 아니라, 단어들이 모여서 어구라는 그룹을 형성하고 있음을 보았다. 또한 하나의 어구 안에 또 다른 어구가 포함될 수 있음도 볼 수 있었다. 이러한 문장의 구조를 계층적 구조(hierarchical structure)라고 한다. 즉, 문장의 구조는 단어들의 선형적 배열과 함께 계층적 구조로 이루어져 있다. 이러한 문장의 계층적 구조를 잘 나타내기 위해서 통사론에서는 수형도(tree diagram)를 사용한다.

수형도(10)은 나무 그림을 거꾸로 세운 모양이며, 위에서 아래로 내려가며 문법 정보를 보여준다. 수형도는 문장의 어순뿐만 아니라, 구성성분과 구성성분이 어떤 문법범주에 속하는지도 보여준다. (10)에서 보듯이, 수형도의 첫 출발점은 문장(S)으로 시작하고, S는 NP와 VP로 나뉘고, NP와 VP도 선택된 구구조규칙에 의해 다양한 구조로 나타날 수 있다. (10)의 수형도는 'The boy kicked a big ball'의 문장 구조를 나타낸다.

(10) 수형도

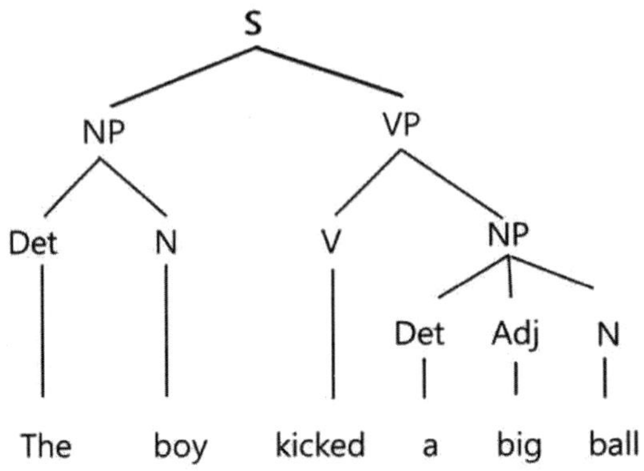

수형도는 통사론에서 문장의 계층적 구조를 나타내며, 구구조규칙에 의해서 생성된다.

【연습문제】

A. 아래 문장의 수형도를 그리시오.

1. They left yesterday.
2. Mary stayed in Seoul.
3. He sold his car.
4. John was nervous about the result.

7.5 어휘규칙

문장을 생성하기 위해서는 구구조규칙이 필수적이다. (6)에 제시된 기본적인 구구조규칙에 의해 다양한 영어의 문장 구조가 생성될 수 있다. 하지만 이러한 구구조규칙에 의해서는 문장의 구조만이 생성될 뿐이다. 완전한 문장을 생성하기 위해서는 구구조규칙에 의해 도출된 구조에 적절한 어휘를 삽입하는 과정이 필요하다. 여기서 어휘 삽입에 관여하는 규칙이 어휘규칙(lexical rules)이다.

(11)

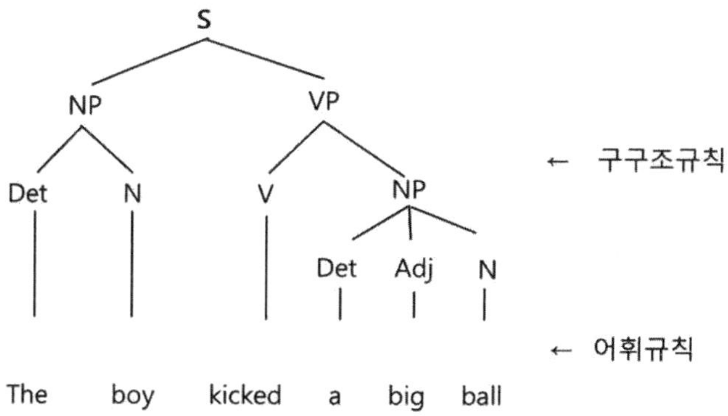

어휘규칙은 수형도의 마지막 마디에 표시된 Det, N, V, Adj, N이라는 구성성분에 어느 단어를 넣어야 적절한지를 명시하는 규칙이다. (12)는 어휘규칙의 한 예를 보여준다.

(12) 어휘규칙

N → {boy, ball, dog, park}

PN → {Bill, John, Mary}

Pro → {They, she, I}

Det → {the, a, my, any}

V → {kicked, chased, slept}

Adj → {big, small, happy}

Prep → {in, on, at, from}

Adv → {yesterday, slowly, now}

예를 들어, N → {boy, ball, dog, park}이라는 어휘규칙은 수형도의 끝마디에 나타나는 N에는 'boy,' 'ball,' 'dog,' 'park'라는 단어 중 하나를 선택하여 삽입한다. 이 어휘규칙은 N이라는 끝마디에 'they,' 'the,' 'kicked,' 'in' 등 여타의 다른 문법범주를 가진 단어가 삽입 되지 않도록 한다.

【연습문제】

1. 아래에서 적절하지 않은 어휘규칙을 찾아 고치시오
   a. N → {boy, desk, chair, notebook}
   b. V → (go, live, run, walk, kick)

7.6 반복성

언어가 가진 특징 중에는 창조성이 있다. 창조성은 무한히 긴 문장과 새로운 문장이 생성될 수 있도록 한다. 지금 다루는 구구조규칙도 문장의 이러한 특징을 나타낼 수 있다. 문장을 생성하는데 있어서 하나의 구성성분이 반복하여 나타남으로써 무한히 긴 문장을 만들 수 있는데, 이러한 구성성분의 반복성(recursion)이 구구조규칙에 포함되어 있다. 아래의 문장을 살펴보자.

(13) a. The book is on the table.

b. The book is on the table near the window.

c. The book is on the table near the window in the bedroom.

(13a)와 같은 문장은 하나의 전치사구를 가진 문장인 반면, (13b)와 (13c)는 좀 더 길어져 2개, 3개의 전치사구를 포함하고 있다. 사실 (13c)보다 더 긴 문장을 전치사구를 더 붙여서 만드는 것도 가능하다. 이렇게 문장을 길게 만들어낼 수 있는 장치가 (6)의 구구조규칙만으로 가능한 것이다.

(6) a. S → NP VP

b. NP → {Det (Adj) N (PP), Pro, PN}

c. VP → V (NP) (PP) (Adv)

d. PP → Prep NP

(6d)의 전치사구 규칙 'PP → Prep NP'에는 NP가 포함되어 있고, (6b)의 NP 규칙의 하나인 'NP → 'Det (Adj) N (PP)'안에도 PP가 포함되어 있다. 즉, PP 안에 NP, NP안에 PP가 반복될 수 있음을 보여준다. 이를 수형도로 살펴보면 아래 (14)와 같다. 즉, (6)의 구구조규칙에 나타난 구성성분의 반복성으로 무한히 긴 문장이 생성될 수 있다는 것을 보여준다.

(14)

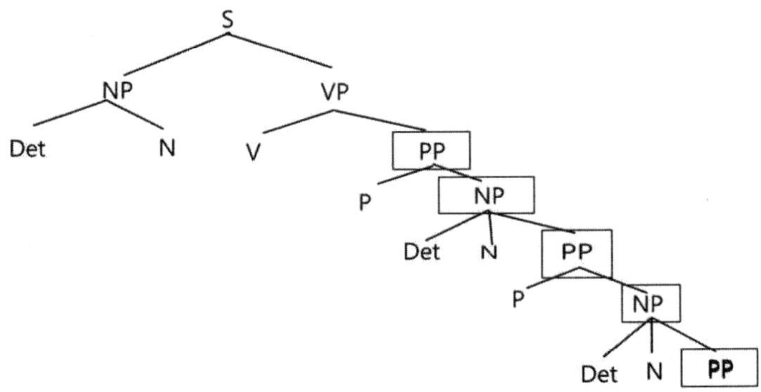

다음은 다른 형태의 구성성분의 반복성을 살펴보자. (15)의 문장도 반복적인 구성성분에 의해서 그 길이가 길어짐을 알 수 있다.

(15) a. John bought a ball.
b. Bill knew <u>that [John bought a ball]</u>.
c. Tom believed <u>that [Bill knew that John bought a ball]</u>.

(15a)의 문장이 (15b)의 문장에, (15b)의 문장이 (15c)의 문장 안에

포함되어 있다. 이렇게 문장 속에 포함된 문장을 전통문법에서는 절(clause)이라고 한다. 즉, 하나의 문장 속에 주어와 동사를 가지는 절이 포함되어 있다. 그리고 이러한 절이 문장 속에서 반복되어 나타나는 현상을 보여준다.

통사론에서는 이러한 절을 동사 'bought,' 'knew,' 'believed'의 목적어 역할을 하는 보문구(complement phase)라고 하며, 이 보문구에 사용된 'that'을 보문소(complementizer)라고 한다. 그리고 (15)에 있는 문장의 구조를 설명하기 위한 구구조규칙(16)을 추가한다. (16a)는 VP가 V와 CP로 구성될 수 있음을, (16b)는 보문구 CP가 보문소 C와 문장 S로 구성될 수 있음을 구구조규칙으로 추가한다.

(16) a. VP → V CP [6)]
b. CP → C S

이것은 곧 기존의 (6a)의 구구조규칙 'S→NP VP'와 연동되어 'S라는 문장은 VP안에 CP를 포함할 수 있고, CP는 S를 구성성분으로 가질 수 있다. CP안의 S는 다시 구성성분 VP안에 CP를 가지고, CP는 다시 S를 구성성분으로 가질 수 있다. 이러한 S-CP-S-CP의 구성 요소의 반복은 문장이 무한히 길어질 수 있음을 나타낸다.

---

6) $VP \rightarrow \left\{ \begin{array}{l} V\ (CP) \\ V\ (NP)\ (PP)\ (Adv) \end{array} \right\}$

(17)

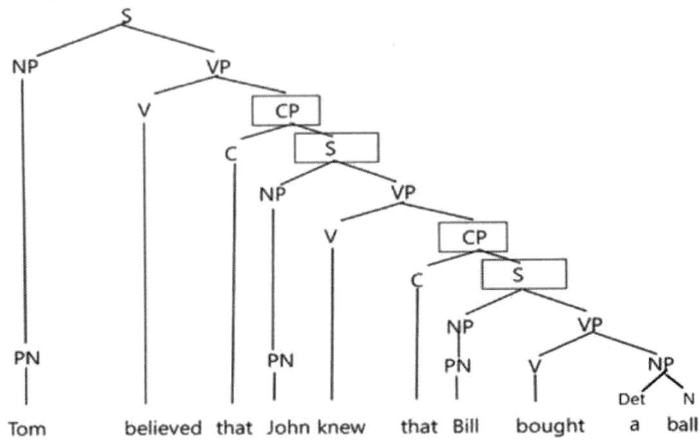

【연습문제】

A. 아래 문장의 수형도를 그리시오.

1. I met a girl at the bookstore near the bank.
2. I met a girl at the bookstore in the morning.
3. Mary has a picture of John.
4. Mary bought a picture at the store.
5. John said that he is a painter.

7.7 구조적 모호성

영어에서 하나의 문장이 두 개의 다른 의미로 해석되는 경우가 있다. 이를 우리는 문장이 의미적으로 모호하다(ambiguous)고 한다. 예를 들어, (18)의 문장을 보자. 'John met a girl with flowers.'라는 문장은 '존이 꽃을 들고 소녀를 만났다.'는 의미로 해석이 가능하지만, '존이 꽃을 들고 있는 소녀를 만났다.'라는 의미로도 해석이 가능하다.

(18) John met a girl with flowers.

이러한 문장의 의미적 모호성(ambiguity)을 통사론에서는 문장의 구조로 설명한다. 통사론에서는 모든 문장은 표면구조(surface structure)와 기저구조(underlying structure)를 가지며, 겉으로 드러난 문장의 모습을 표면구조라고 하고, 기저구조는 문장의 의미를 결정하는 구조로 통사론의 구구조규칙에 의해서 생성되어진 구조를 지칭한다. 따라서 (18)의 문장이 표면구조에서는 하나로 나타나지만, 기저구조에서는 두 개의 다른 구조를 가진다. 그리고 그 기저구조의 차이에 의해서 표면구조가 같지만 문장의 의미가 달라진다고 본다.

(18) 문장이 두 가지 의미로 해석되는 것은 (19)와 (20)이 보여주듯이 두 개의 다른 기조구조를 가지기 때문이다. (19)의 구조에서는 전치사구(PP)가 동사구(VP)안의 구성성분으로 있고, (20)의 구조에서는 전치사구(PP)가 명사구(NP)안의 구성성분으로 있다. 따라서 (19)에서는 주어인 'John'이 '꽃을 들고 있는 사람'이며, (20)에서는 목적어인 'a girl'이 '꽃을 들고 있는 사람'으로 해석된다.

(19)

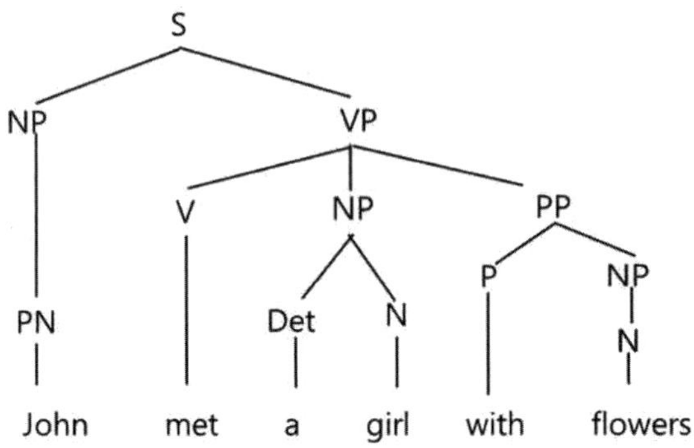

(20)

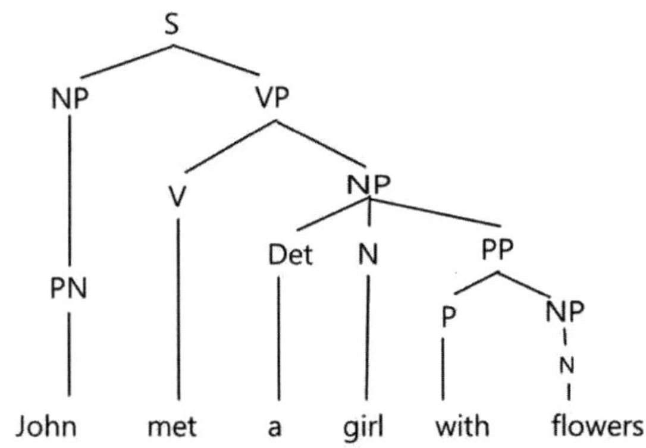

(19)의 동사구는 (21a)의 구구조규칙에 의해서 생성되고, (20)의 동사구는 (21b)의 구구조규칙에 의해 생성된다.

(21) a. VP → V NP PP

b. VP → V NP

【연습문제】

A. 아래 문장은 2가지 의미로 해석될 수 있다. 각각의 의미를 나타내는 수형도를 그리시오.

1. Mary found a dog in her pajamas.
2. I saw John under the table.

연습문제

1. 생성문법이란 무엇인가?

2. 생성문법의 구구조규칙은 어떤 특성을 이용하여 무한히 긴 문장을 만들어낼 수 있는가?

3. 아래 문장은 구조적으로 모호하다. 어떤 의미를 가지는지 쓰시오.

   a. The parents of the bride and groom were waiting outside.

   b. We met an English history teacher.

4. 표면구조와 기저구조란 무엇인가?.

5. 아래의 빈칸을 채우시오.

a.

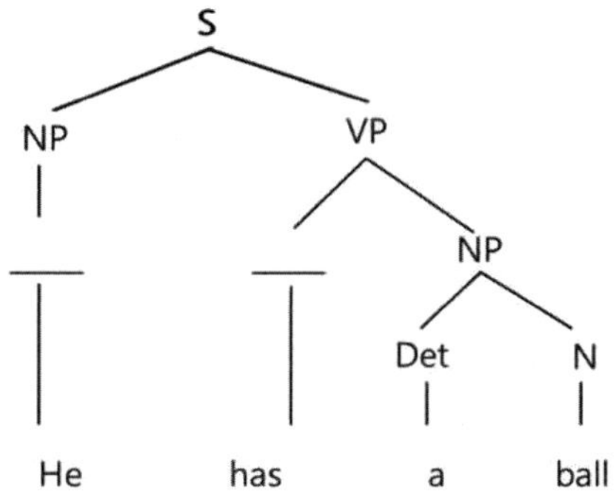

b.

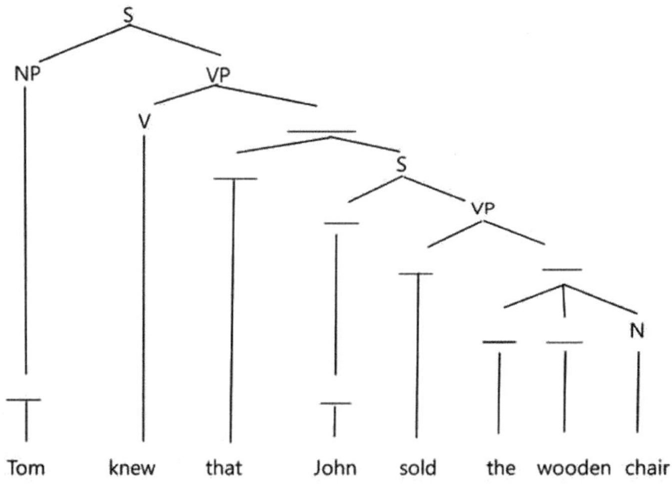

6. 다음 문장의 수형도를 그리시오.

a. Chris ate the sweet candy.

b. The little brother snores.

c. She paid the woman with a bill.

d. The boy cried.

e. She ran to the church.

f. The man walks slowly.

g. Jane called Mary yesterday.

h. She put the book on the desk.

I. They say that Mary is a writer.

7. 아래 문장은 두 가지로 해석될 수 있다. 각 문장의 뜻을 명시하고, 그 뜻에 해당하는 각각의 수형도를 그리시오.

a. The boy saw the man with a telescope.

b. small boys and girls.

의미론

8.1 의미론

언어를 구사하는 사람은 그 언어의 의미를 알고 있다. 여기서 의미를 안다는 것은 단어의 의미를 아는 것이며, 문장의 의미를 알고 있음을 말한다. 영어화자들은 'book'이 무엇을 지칭하는지, 'John kicked the ball.'이 어떤 의미인지를 안다는 것이다. 'answer'와 'reply'의 의미가 유사하며, 'happy'와 'sad'가 반대의 의미를 가진다는 것도 알고 있다. 그리고 'the green table'은 'The table is green.'이라는 의미를 가지지만, 'the greenhouse'는 'The house is green.'이라는 의미가 아니라 '온실'이라는 의미를 가짐을 안다. 또한 'The table is reading a book.'이란 문장은 의미가 자연스럽지 않으며, 'The boy saw the man with a telescope.'이란 문장은 두 가지로 해석됨을 알고 있다, 즉, 한 언어를 구사하기 위해서는 언어가 가지고 있는 다양한 형태의 의미들을 이해하여야 한다.

한 언어의 형태소, 단어, 구, 문장의 언어적 의미를 연구하는 분야를 의미론(semantics)이라고 한다. 의미론의 하위 분야로는 단어의 의미와 단어 간의 의미 관계를 연구하는 어휘 의미론과, 단어보다 더 큰 통사 단위의 의미를 연구하는 구 혹은 문장 의미론이 있다. 8장에서는 어휘의미론에 국한하여 영어의 의미론을 살펴볼 것이며, 의미자질, 어휘의 의미관계, 의미역 등을 중심으로 단어의 의미를 분석한다.

8.2 개념적 의미와 연상적 의미

단어의 의미를 모르거나 확실하지 않을 때 우리는 사전을 통해서 그 의미를 파악한다. 사전은 단어의 기본적인 개념을 제시하고, 그 개념으로 쓰이는 예시를 함께 보여준다. 단어의 의미는 사전적인 간단 명료한 개념적 의미만으로 충분히 전달될 수 없기 때문에 그 단어가 사용되는 여러 예시들을 함께 보여주는 것이다. 이는 단어의 의미가 사전적인 의미뿐만 아니라 단어가 사용되는 예시를 통해서 전달되는 의미도 또한 포함하고 있다는 것이다. 따라서 의미를 개념적 의미(conceptual meaning)와 연상적 의미(associative meaning)두 가지로 분류하여 설명한다. 단어의 기본적이고 본질적인 의미를 개념적 의미라고 하고, 그 단어가 실제 사용되면서 얻어진 또 다른 의미를 연상적 의미라고 한다. 예를 들어, 'needle'이라는 단어는 '가느다란, 뾰족한, 금속 도구(a small, very thin and sharp piece of polished metal)'라는 개념적 의미를 가진다. 하지만 이 단어는 사용되는 상황에 따라 '고통(pain),' '마약(drugs),' '뜨개질(knitting),' '찾기 어려운(hard to find)'이라는 연상적 의미를 가진다. 또한 'woman'이라는 단어와 'lady'라는 단어는 개념적 의미는 유사하지만, 연상적 의미는 다르다고 할 수 있다.

단어가 가지는 글자 그대로의 기본적이고 본질적인 의미가 개념적 의미라면, 연상적 의미는 단어가 사용되는 상황이나 사용하는 사람에 따라 달라질 수 있는 의미이다. 따라서 의미론에서는 연상적 의미가 아니라 기본적인 개념적 의미만을 연구한다.

8.3 의미자질

의미자질(semantic features)을 이용한 단어의 의미 분석에서는 단어가 의미자질의 집합체라고 본다. 의미자질이란 의미를 구성하는 작은 단위의 의미 성분으로, 예를 들면, +/-animate, +/-human, +/-male, +/- adult, +/- married 등이 의미자질이다. 각 의미자질은 '+' 와 '-'를 앞에 표시하여, 특정 단어가 해당 의미자질을 가지고 있는지 없는지를 나타낸다. (1)의 표는 'boy,' 'girl,' 'man,' 'woman,' 'table,' 'horse' 단어의 의미를 의미자질로 나타낸 것이다. 'boy'라는 단어의 의미는 [+animate, +human, +male, -adult], 'woman'은 [+animate, +human, -male, +adult], 'table'은 [-animate, -human, -male, -adult]의 의미자질로 나타낸다.

(1) 단어의 의미자질

	boy	girl	man	woman	table	horse
animate	+	+	+	+	-	+
human	+	+	+	+	-	-
male	+	-	+	-	-	-
adult	-	-	+	+	-	+

단어를 의미자질의 집합체라고 보는 관점에 따르면, (2)의 문장들이 의미상 자연스럽지 않고 이상한(odd) 이유는 문장 속 단어 간의 의미자질이 충돌하기 때문이다. (2)의 문장들은 모두 통사적으로는 문법적이라고

할 수 있지만, 의미상으로는 어색하다.

(2) a. The table ate the hamburger.
　　b. The horse is reading the book.
　　c. The boy drove to Seoul.

(2a)와 (2b)의 문장은 주어 NP와 목적어로 NP를 취한 문법적인 문장이며, (2c)의 문장 또한 주어 NP와 동사구로 V+PP를 가진 문법적인 문장이다. 하지만 위의 문장의 의미는 자연스럽지 않다. 이는 주어로 쓰이는 명사들이 문장의 동사들과 의미상 어울리지 않기 때문이다. (2a)의 동사 'ate'의 주어는 먹는 행위를 할 수 있는 '살아있는 생물'이어야 하며, (2b)의 동사 'is reading'의 주어는 읽는 행위를 할 수 있는 '인간'이어야 하며, (2c)의 동사 'drove'는 운전을 할 수 있는 나이가 된 사람이어야 한다. 하지만, (2) 문장의 주어는 동사의 의미에 적합한 주어를 취하고 있지 않기 때문에 의미상으로 '이상한(odd)' 것이다. 이렇게 문장에서 동사가 요구하는 주어의 의미자질을 규칙으로 나타내면 (3)과 같이 표시된다.

(3) a. The ________________ ate the hamburger.
　　　　N [+animate]

　　b. The ________________ is reading the book.
　　　　N [+human]

　　c. The ________________ drove to Seoul.
　　　　N [+adult]

(3)의 의미규칙에 부합하지 않는 문장은 통사적으로 적합하다고 할지라도 의미상으로는 적절하지 않다. 즉, (3a)에서는 동사 'ate'의 주어로 [+animate] 자질을 가진 주어만을 요구하는데 'The table ate the hamburger.'의 주어인 'table'은 [-animate] 의미자질을 가지고 있으므로 (3a)의 의미 규칙에 어긋난다. (2b)와 (2c) 문장의 주어인 'horse'와 'boy'도 각각 [-human]과 [-adult]라는 자질을 가지고 있으므로 (3b)와 (3c)의 의미 규칙을 충족시키지 못하므로 부적합한 문장이 된다.

이렇게 단어의 의미를 의미자질의 복합체라고 보는 관점은 (2)의 문장들이 이상한 이유를 의미자질의 충돌로 잘 설명한다. 하지만 실제 언어의 의미 분석에서 모든 단어의 의미를 의미자질로 정의하는 것이 결코 쉬운 일이 아니므로 이러한 분석에는 한계가 있다.

【연습문제】

A. 아래 문장의 의미가 어색한 것을 의미자질에 근거하여 설명하시오.

1. The tree kicked the ball to the fence.
2. The rain sang all night.

B. 'She is an encyclopedia.'라는 문장에서 'encylopedia'의 개념적 의미와 연상적 의미를 쓰시오.

8.4 어휘의 의미관계

단어의 의미는 단어 자체의 의미자질 분석뿐만 아니라, 다른 단어와의 의미관계에 의해서도 파악될 수 있다. 이 방법은 일상생활에서 단어의 의미를 파악하기 위해 종종 쓰인다. 예를 들어, 'purchase'의 의미를 설명할 때 'buy'와 같은 의미라고 하며, 'false'의 의미를 'true'와 반대의 의미라고 하고, 'magnolia'의 뜻을 'a kind of flower'라고 하는 것은 모두 단어의 의미 파악을 다른 단어와의 관계에 의해서 정의하는 것이다. 이렇게 단어들 간의 의미관계를 기준으로 의미를 분석하는 것을 '어휘의 의미관계(lexical relations)' 분석이라고 한다. 이 분석의 종류에는 동의어, 반의어, 하의어, 동음이의어, 동철이의어, 다의어 등이 있다.

8.4.1 동의어

두 단어가 매우 유사한 의미를 가지고 있을 때, 이들을 동의어(synonym)라고 한다. 동의어들은 대부분 문장에서 서로 교체되어 사용될 수 있다. 예를 들어, 'He met a lawyer.'를 'He met an attorney.'라고 말할 수 있다. 이러한 동의어의 관계를 가진 단어들로는 'sofa/couch,' 'doctor/physician,' 'purchase/buy,' 'answer/reply,' 'broad/wide' 등이 있다.

(4) lawyer/attorney, sofa/couch, doctor/physician,
purchase/buy, answer/reply, broad/wide

여기서 주의해야할 점은 동의어들은 항상 완벽히 동일한 의미를 가지는 것은 아니라는 점이다. 예를 들어, 'What was his answer?'와 'What was his reply?'는 서로 같은 의미로 사용될 수 있지만, 'She had only one answer correct on the test.'라고 쓸 수는 있지만, 'She had only one reply correct on the test.'는 불가하다.

동의어 관계에 있는 단어들은 유사한 의미를 가지고 있어서 대부분 서로 교체되어 사용될 수 있지만, 단어가 사용되는 상황, 방언, 또는 개인에 따라 그 선택이 결정되어지기도 한다.

8.4.2 반의어

반의어(antonym)는 서로 반대의 의미를 갖는 단어를 지칭한다. 예들 들어, 'alive/dead,' 'teacher/student,' 'rich/poor,' 'happy/sad,' 'long/short.' 'male/female,' 'true/false' 등은 서로 반대의 의미를 갖는 반의어 관계에 있는 단어들이다.

(5) alive/dead, teacher/student, rich/poor, happy/sad, long/short, male/female, true/false

이 반의어 관계를 의미적으로 분석해 보면, 서로 다른 3가지 유형이 있다. 첫째, 반의어 중에서 의미가 점진적이며, 단계적으로 표현될 수 있는 반의어들이 있는데, 이들을 단계적 반의어(gradable antonym)라고 한다. (6)에 열거된 반의어들이 이에 속한다.

(6) 단계적 반의어

long/short, rich/poor, happy/sad, old/new, hot/cold

이 반의어들은 의미가 단계적이기 때문에 (7a)에서처럼 '좀 더 더한/ 덜한'의 의미로 비교급으로 표현될 수 있다. 예를 들어, 'long/short'는 비교급을 사용하여 'longer/shorter'라고 할 수 있다.

(7) a. longer/shorter, richer/poorer, happier/less sad
b. not long ≠ short, not rich ≠ poor, not happy ≠ sad

단계적 반의어의 또 다른 특징으로 한 단어의 의미를 부정(negation)하여도 반의어 관계에 있는 짝이 되는 단어와 같은 의미를 가지는 것은 아니라는 것이다. (7b)에서 보듯이, '길지 않다고(not long)' 해서 '짧다(short)'라는 의미는 아닌 것이다. '부자가 아니다(not rich)'라는 것이 '가난하다(poor)'라는 의미는 아니다. 즉, 단계적 반의어들은 모두 비교급이 가능하며, 두 단어 중 하나를 부정해도 반대의 짝이 되는 단어의 뜻을 가지지는 않는 특징을 가진다.

두 번째 반의어 종류는 비단계적인 반의어(non-gradable antonym)이다. 이 반의어들은 의미상 상호보완적인(complementary) 관계를 가지고 있다. (8)의 'alive/dead,' 'male/female,' 'true/false' 등이 비단계적 반의어의 예들이다.

(8) 비단계적 반의어
alive/dead, male/female, true/false, present/absent.
awake/asleep

비단계적 반의어는 이름처럼 의미가 점진적이거나 단계적이지 않으므로 비교급 표현이 불가능하다. (9a)에서 보여주듯이, '좀 더 살아있는(more alive),' '좀 더 죽은(more dead),' '좀 더 남자(more male),' '좀 더 여자(more female)'같은 표현은 존재하지 않는다.

(9) a. *more alive/more dead, *less alive/less dead
*more male/more female, *less male/less female
*more true/more false, *less true/less false
b. not alive = dead, not male = female
not true = false, not present = absent

하지만, 비단계적 반의어는 서로 상호 보완적인 의미관계를 가지므로 한 단어를 부정(negation test)하면 반의어 관계에 있는 다른 짝의 의미와 동일해 진다. 예를 들어, '살아있지 않은(not alive)'의 의미는 '죽은(dead)'의 의미를 나타내며, '남자가 아닌(not male)'의 의미는 '여자(female)'임을 뜻한다. '출석하지 않은(not present)'는 곧 '결석한(absent)'의 의미이다. 즉, 비단계적 반의어 A-B는 서로 상호보완적인 의미를 지니므로 이 세상은 A가 아니면, 반의어 관계에 있는 B를 지칭한다.

셋째, 세 번째 반의어는 상관적 반의어(relational antonym)로 두 단어 사이의 관계가 대칭적이다. 이 반의어는 의미가 단계적이지도 않고, 그렇다고 서로 상호보완적인 의미를 지니는 것도 아니다. 상관적인 반의어의 예로 'teacher/student,' 'enter/exit,' 'buy/sell,' 'give/receive' 등이 있다.

(10) 상관적 반의어

teacher/student, enter/exit, buy/sell, give/receive, dress/undress

상관적 반의어는 그 의미가 단계적인 것이 아니므로 (11a)에서처럼 비교급을 사용하여 표현할 수도 없다. 예를 들어, '좀 더 선생님(more teacher),' '좀 더 학생(more student)'이라는 표현은 사용하지 않는다.

(11) a. *more teacher/more student, *less teacher/less student
*more enter/more exit, *less enter/less exit
*more buy/more sell, *less buy/*less sell
b. *not teacher ≠ student, *not enter ≠ exit
*not buy ≠ sell, not *give ≠ receive

또한 (10b)에서 보듯이, 상관적 반의어는 한 단어를 부정한다고 반의어 관계에 있는 다른 단어와 동일한 의미를 가지는 것도 아니다. 예를 들어, '선생님이 아닌(not teacher)'이라는 의미가 '학생(student)'이라는 것을 뜻하지는 않는다. 이 세상에는 선생님(teacher)도 학생도 아닌 사람들이 존재하기 때문이다. 'enter/exit'의 경우에도 '들어가지 않는다(not enter)'는 것이 곧 '나온다(exit)'라는 것을 의미하지는 않는다. 사람의 행동이 어떤 공간으로 들어가지도 않고 나오지도 않고 정지해 있는 모습도 가능하기 때문이다. 즉, 상관적 반의어는 앞의 두 반의어와는 달리, 비교급도 가능하지 않으며, 상호보완적인 의미도 가지지 않는다.

8.4.3 하의어

하의어(hypernym) 관계는 일반적인 개념과 구체적인 개념과의 관계에서 나타난다. '새'라는 개념이 일반적인 것이라면 '참새,' '뻐꾸기,' '까치,' '비둘기' 등은 '새'보다는 구체적인 개념이다. 따라서 하의어는 상의어(hypernym)에 포함되는 의미이다. (12)에서 보듯이, 'dog/animal,' 'poodle/dog,' 'carrot/vegetable,' 'rose/flower,' 'pine/tree' 등이 하의어-상의어의 관계에 있다.

(12) 하의어/상의어

dog/animal poodle/dog, carrot/vegetable, rose/flower, pine/tree

'장미(rose)'는 '꽃(flower)'이라는 단어가 지칭하는 것들 중의 하나이므로, 이 경우 장미(rose)'를 '꽃(flower)'의 하의어라고 한다. 같은 이유로 '개(dog)'는 '동물(animal)'의, '푸들(poodle)'은 '개(dog)'의, '당근(carrot)'은 '채소(vegetable)'의 하의어이다. 반대로 보면, 'flower'는 'rose'의 상의어이며, 'animal'은 'dog,' 'dog'은 'poodle,' 'vegetable'은 'carrot'의 상의어이다.

8.4.4 동음이철어

두 개의 서로 다른 단어가 철자가 다름에도 불구하고 발음이 같으면, 이 단어를 '동음이철어(homophone)'라고 한다. 예를 들어, '발가벗은'이란 뜻을 가진 'bare'와 '곰'이라는 뜻을 가진 'bear'는 철자가 다른 서로 다른 단어임에도 불구하고 발음이 동일하다. 이 두 단어는 '동음이철어'이다.

'고기'라는 뜻을 가진 'meat'와 '만나다'라는 뜻을 가진 'meet'도 발음이 동일한 동음이철어이다. 이와 같은 단어로 'flour/flower,' 'wright/right,' 'to/too/two' 등이 있다.

(13) 동음이철어

bare/bear, meat/meet, flour/flower, wright/right,
to/too/two

8.4.5 동음이의어

뜻이 전혀 다른 두 단어가 발음도 동일하고 철자 또한 동일할 때, 이 단어들을 동음이의어(homonym)라고 한다. 철자가 같고 발음도 동일하므로 하나의 단어라고 판단하기 쉽지만, 동음이의어 관계에 있는 단어들은 의미가 서로 연관성이 전혀 없는 별개의 단어들이다. 예를 들어, 영어에는 '은행'이라는 뜻을 가지는 'bank'라는 단어도 있고, 또 '둑, 제방'이라는 뜻을 가지는 'bank'라는 또 다른 단어도 있다. 이 두 단어는 동음이의어이다.

(14) 동음이의어

bank(둑, 제방)	—	bank(은행)
bat(박쥐)	—	bat(야구방망이)
date(대추)	—	date(날짜)
race(경주)	—	race(인종)

(14)에서 보듯이, 박쥐의 'bat'과 야구방망이 'bat,' 대추 'date'와 날짜 'date,' 스포츠에서 경주를 뜻하는 'race'와 인종의 'race'는 서로

동음이의어 관계에 있다.

8.4.6 다의어

다의어(polysemy)는 하나의 단어가 두 개 이상의 의미를 가지는 것을 지칭한다. 예를 들어, 'run'이라는 단어는 '달리다'라는 뜻을 가지지만, '물이 흐르다,' '운영하다,' '색이 번지다'라는 의미도 가지는 다의어이다. 'foot'이라는 단어도 '사람의 발'이라는 의미도 있지만 '침대의 발,' '산기슭,' '측정 단위'라는 의미도 있는 다의어이다. 이러한 다의어로 'run,' 'foot,' 'head,' 'lip' 등이 있다.

(15) 다의어

run (달리다, 물이 흐르다, 색이 번지다, 운영하다)

foot (발, 침대의 발, 산기슭, 측정단위)

head (머리, 책임자, 강의 발원지, 맥주 잔 위의 거품)

lip (입술, 그릇 등의 테두리)

여기서 우리는 '달리다'라는 뜻의 'run'과 '흐르다'라는 뜻의 'run'을 동음이의어 관계에 있는 서로 다른 두 단어라고 하지는 않는다. 같은 맥락으로 '발'의 뜻을 가진 'foot'과 '침대의 발'이란 뜻인 'foot'은 동음이의어가 아니다. (15)에 있는 단어들은 모두 동음이의어가 아니고 다의어이다.

그렇다면, 다의어와 동음이의어의 차이는 무엇인가? 답은 의미들의 연관성에 있다. 다의어는 여러 가지 의미를 지니지만 이 의미들 간에 연관성이 있지만, 동음이의어의 경우에는 그 의미들 간의 연관성이 전혀 없다. 예를 들어, 'run'의 의미들은 모두 '움직이다'라는 의미를 공통으로 가지고 있고, 'foot'의 의미들도 '발이나 아래'라는 의미를 공통적으로 가지고 있다. 하지만 동음이의어인 '은행'의 'bank'과 '둑'의 'bank,' '박쥐' 'bat'와 '야구방망이' 'bat,' '대추'의 'date'와 '날짜'의 'date' 사이에는 모두 의미의 연관성을 찾을 수가 없다.

요컨대, 다의어에서는 한 단어가 가지는 다수의 의미들이 서로 유사성이 있으므로, 이 다수의 의미가 모두 한 단어의 기본적인 의미에서 분화되어진 의미로 본다.

【연습문제】

A. 아래 단어를 예와 함께 설명하시오.

1. 동의어
2. 반의어
3. 하의어
4. 동음이철어
5. 동음이의어
6. 다의어

8.5 의미역

단어의 의미를 분석하는 또 다른 방법은 문장에 나타난 명사구에 의미적 역할을 정의함으로써 문장 속 단어의 의미를 구체화하는 것이다. 이 이론에 따르면, 문장에 나타난 명사구는 모두 의미역(semantic role)을 부여받으며, 이 의미역은 동사나 전치사의 의미에 의해서 정해진다. 이러한 의미역에는 '행위자(agent),' '경험자(experiencer),' '대상(theme),' '도구(instrument),' '장소(location),' '출처(source),' '목적지(goal)'가 있다.

(16) 의미역

행위자(agent)
경험자(experiencer)
대상(theme, patient)
도구(instrument)
장소(location)
출처(source)
목적지(goal)

'행위자(agent)'는 행동하는 주체가 가지는 의미역이다. (17a)의 'The boy'는 공을 차는(kick) 행위의 주체이므로 '행위자'라는 의미역을 가진다.

(17) a. <u>The boy</u> kicked the ball.
b. <u>The boy</u> feels happy.

반면, (17b)의 'The boy'는 행복을 느끼는(feel) 주체이지, 행동을 하는 주체는 아니다. 명사구가 감정, 지각, 상태를 유지하는 주체가 될 때, 이 명사구는 '경험자(experiencer)'라는 의미역을 가진다. 따라서 (17a)의 'The boy'는 동사 'kicked'의 주어로서 '행위자'라는 의미역을 가지고, (17b)의 'The boy'는 동사 'feels'의 주어로서 '경험자'라는 의미역을 가진다.

(18) a. The boy kicked <u>the ball</u>.

b. <u>The monkey</u> was caught immediately.

(18a) 문장의 두 번째 명사구인 'the ball'은 차임(kick)을 당하는 대상이다. 이렇게 어떤 행위의 영향을 받는 객체가 되는 명사구는 대상(theme, patient)이라는 의미역을 가진다. (18b)의 명사구 'The monkey'는 동사의 앞자리인 주어 자리에 있지만, 의미상으로는 잡히는(was caught) 행위의 대상이 되므로 'The monkey'는 '대상'이라는 의미역을 가진다. 즉, 의미역은 문장내의 위치보다 의미관계에 의해서 결정된다. 주어 자리에 있거나 목적어 자리에 있거나 상관없이 의미상 행위의 영향을 받는 객체가 되면 '대상'의 의미역을 가진다.

(19)의 문장에서 밑줄 친 명사구들은 모두 전치사와의 관계로부터 그 의미역이 결정된다. (19a)의 전치사 'to(-으로)' 바로 뒤에 위치한 'the wood'는 공이 도착한 지점을 나타내며, 이러한 도착점의 의미를 가지는 명사구는 '목적지(goal)'라는 의미역을 갖는다. 다시 말해, 전치사 'to'가 '-으로'라는 의미를 지니면, 뒤에 오는 명사는 '목적지'라는 의미역을 갖는다.

(19) a. The boy kicked the ball to the wood.

b. Mary bought the book at the bookstore.

c. Mary bought the book from John.

d. Mary bought the book with a credit card.

(19b)에서는 전치사 'at(-에서)' 뒤에 오는 명사구 'the bookstore'는 책을 샀던 장소를 나타내며, 이 명사구는 '장소(location)'이라는 의미역을 갖는다. (16c)에서는 전치사 'from(-으로부터)' 뒤에 오는 명사구인 'John'은 '존으로부터'라는 의미를 지니며 '출처(source)'라는 의미역을 가진다. (16d)의 명사구 'a credit card'는 전치사 'with(-를 가지고)' 뒤에 와서 '신용카드를 가지고'라는 의미를 지니므로 '도구(instrument)'라는 의미역을 가진다. 즉, 전치사 뒤의 명사구는 앞에 오는 전치사의 의미에 따라 그 의미역이 결정된다.

(20) 문장을 통해서 명사구가 어떤 의미역을 가지고 있는지 살펴보면 아래와 같다. (20a)의 'She'는 건네주는(handed) 행위의 주체이므로 '행위자'의 의미역을 가지고, 'the book'은 행위의 객체이므로 '대상'이라는 의미역을, 그리고, 전치사 'to' 뒤의 'John'은 책이 가는 목적지이므로 '목적지'라는 의미역을 갖는다.

(20) a. She handed the book to John.
행위자 대상 목적지

b. The baby slept on the bed.
경험자 장소

c. The chair from the office was painted with a brush.
대상 출처 도구

(20b)의 'The baby'는 잠을 자는(slept) 경험자이다. 여기서 'slpeep'이라는 것은 움직임이 있는 동작 동사라고 보지 않고 상태 동사라고 보기 때문에, 'slept'의 주어인 'The baby'는 '행위자'가 아니라 '경험자'로 보는 것이다. (20b)의 'the bed'는 전치사 'on(-에서)'의 뒤에 와서 '침대에서'라는 의미를 지니므로 '장소'라는 의미역을 가진다. (20c)의 'The chair'는 이 문장의 주어이며, 동사 '칠하여지다(was painted)'의 '대상'이 된다. 명사구 'the office'는 전치사 'from(-로부터)'의 뒤에 와서 '사무실로부터의'라는 의미를 지니는 '출처'의 의미역을 가진다. 마지막으로 명사구 'a brush'는 전치사 'with(-을 가지고)' 뒤에 와서 '붓을 사용하여'라는 뜻으로 '도구'라는 의미역을 가진다.

【연습문제】

A. 아래 밑줄 친 명사구의 의미역을 쓰시오.

1. John ran from the school to his house.
2. She stayed in Seoul to meet BTS.

연습문제

1. 개념적 의미와 연상적 의미는 어떻게 다른지 쓰시오.

2. 아래 문장이 어색하다는 것을 의미자질에 근거하여 설명하시오.
   a. The beer danced in the kitchen.
   b. The cat played the piano.
   c. The book ran to the wood.

3. 다음 단어의 어휘 관계는 무엇인가?
   a. table/furniture
   b. walk/move
   c. fail/pass
   d. provide/offer
   e. too/two

4. 다음 단어들은 반의어 관계이다. 반의어의 관계가 단계적인지, 비단계적인지, 혹은 상관적인지 쓰시오.
   a. doctor/patient
   b. long/short

c. dead/alive

d. mother/father

e. smart/stupid

f. give/receive

5. 아래 문장에서 명사구의 의미역을 쓰시오.

a. John walked from the store to the bus stop.

b. Mary slept under the tree.

c. She closed the window with a remote controller.

6. 다의어와 동음이의어는 어떻게 다른지 쓰시오.

영어의 역사

9.1 언어의 역사와 변화

언어는 살아있는 생물체와 마찬가지로 끊임없이 변화하며, 새로 태어나기도 하고 사라지기도 한다. 세계 언어에 대한 데이터베이스 '에스놀로그(Ethnologue)'는 2021년 현재 지구상에서 사용되는 언어를 7139개로 집계하고 있다. 이 언어의 수는 인구수가 늘어나고 인간이 거주하는 지역이 확장됨에 따라 증가해 왔다. 하지만, 역사 속에서 언어가 분화 증가되는 과정 속에서 더 이상 쓰이지 않고 사라져간 언어들도 존재한다. 특히, 국가 간의 전쟁과 정복에 의해 생겨난 식민지역의 언어들은 지배 언어에 의해 대체되면서 더 이상 사용되지 않고 사라지게 되었다. 인디안 원주민 언어들, 아프리카 언어들, 그리고 영국 땅에서 사용되었던 콘월어(Cornish) 등도 이렇게 사라져간 언어들이다. 최근 2021년에도 러시아 지역의 에스키모어 베링 알류트어(Bering Aleut)도 마지막 남은 화자가 사망함으로써 사어가 되었다.7)

오랜 역사를 통해서 사라지지 않고 지속적으로 사용되는 언어라고 할지라도, 그 언어는 시간이 지남에 따라 정치, 경제, 문화 등 여러 가지 요인의 영향을 받아 끊임없이 변화한다. 한국어도 고대, 중세 한국어는 현대의 한국어와 다르며, 불과 몇 십 년 전의 한국어도 현재의 한국어도

7) "Last Native Speaker Of Rare Dialect Dies In Russia." RadioFree Europe/RadioLiberty. Retrieved 2021-03-18.

엄밀하게는 동일하지 않다. 영어에서도 고대영어는 현재의 영어와 달라서 영어 화자들이 이를 이해하기 위해서는 사전과 같은 문헌의 도움이 필요하다.

(1)은 현재의 영어와 고대의 영어의 차이를 보여주는 한 예로 주기도문(Lord's Prayer)을 보여준다. 두 영어를 비교하면, 유사한 단어들도 있지만, 현대 영어에는 존재하지 않는 고대영어 단어들이 있으며, 두 영어가 어순, 철자 등에서도 동일하지 않음을 알 수 있다.

(1) 주기도문 (Lord's Prayer)

현대영어(Present-day English)	고대영어(Old English)
Our Father in heaven, 하늘에 계신 우리 아버지 hallowed be your name, 아버지의 이름이 거룩히 빛나시며 your kingdom come, 아버지의 나라가 오시며 your will be done, 아버지의 뜻이 이루어지소서 on earth as in heaven. 하늘에서와 같이 땅에서도	Fæder ūre þū þē eart on heofonum 하늘에 계신 우리 아버지 Sī þīn nama gehālgod 아버지의 이름이 거룩히 빛나시며 Tō become þīn rice 아버지의 나라가 오시며 Gewurþe þīn willa 아버지의 뜻이 이루어지소서 On erðon swā swā on heofonum 하늘에서와 같이 땅에서도

이러한 현대영어와 고대영어의 차이는 점차적이고 지속적인 언어의 변화와 더불어, 급격한 정치, 경제, 사회문화적인 변화에 영향을 받아 지금의 언어적인 차이를 가져오게 된 것이다.

모든 언어에서 발견되는 지속적인 언어 변화의 원인은 다양하겠지만 몇 가지를 살펴보면 다음과 같다. 첫째는 언어접촉(language contact)에 의한 언어 변화이다. 하나의 언어는 그 언어를 공유하는 사회에서 통용되지만, 이 언어는 지리적, 사회적, 경제적, 문화적 등의 다양한 이유로 다른 언어와 접촉을 하게 된다. 이러한 언어접촉은 언어 변화의 주요한 요인이다. 영어는 역사적으로 라틴어, 스칸디나비아어, 프랑스어 등 많은 언어와 접촉이 있었고, 이러한 접촉을 통해서 이러한 언어의 영향을 받아 언어적 변화를 겪게 되었다. 둘째, 언어는 언어가 사용되는 사회의 물리적 환경, 문화적 환경, 사회 구조, 사회적 태도 등 여러 가지 요인들의 변화에 영향을 받아 새로운 개념이나 단어가 생겨난다. 셋째, 언어는 언어의 구조적 특성상, 언어의 한 부분이 변화하면 다른 부분에 연이은 변화가 일어나는 속성으로 언어 변화가 확대되는 특징을 가진다. 예를 들어, 단어의 철자가 바뀌면 발음이 바뀌거나, 발음이 바뀌면 철자가 바뀌기도 한다. 'throne'이라는 단어는 'trone'이라고 철자되었으나, 중세영어에 와서 라틴어의 영향으로 'h'가 추가되어 'throne'이라고 철자되었고, 이후 이 철자 변화의 영향으로 첫 자음의 발음이 [t]에서 [θ]로 바뀌게 되었다. 이러한 언어의 구조적 특성으로 인한 연쇄 반응이 언어변화를 지속시키고 확대시키는 것이다.

【연습문제】

1. (　　　)은/는 살아있는 생물체와 마찬가지로 끊임없이 변화하며, 새로 태어나기도하고 사라지기도 한다.

9.2 영어의 계통도

영어는 5세기 북유럽에서 영국 섬으로 건너온 부족들이 사용했던 게르만어군에 속하는 언어에서 시작된다. 역사 기록에 따르면, AD 449년에 북유럽에 거주하던 앵글족(Angles), 색슨족(Saxons), 주트족(Jutes)이 영국 섬에 들어와 살게 되면서 그들의 언어를 'Englisc'라고 부르기 시작했고, 이 언어가 오늘날의 영어가 되었다.

북유럽의 세 종족이 영국 땅에 들어오기 이전에는 켈트어군(Celtic)에 속하는 웨일스어(Welsh), 게일어(Gaelic), 브레튼어(Breton)를 사용하는 사람들이 영국 섬에 거주하고 있었다. 이 언어를 사용하던 사람들은 앵글로 색슨족(Anglo-Saxon)에게 밀려나서 현재 영국의 서남부, 아일랜드, 스코틀랜드에서 거주하게 되었고, 이 지역에서는 현재에도 웨일스어, 아일랜드어, 게일어 등이 사용되고 있다.

현재 언어는 7000여개로 집계되고 있으며, 이 언어들은 언어적 유사성에 근거하여 계통적으로 분류가 된다. 언어의 계통도에 따르면, 영어는 유럽과 인도에 분포되어 있는 인구어족(Indo-European)의 언어에 속하며, 인구어족 중에서도 게르만어군에 속한다. (1)의 인구어족 계통도를 살펴보면, 영어는 덴마크어, 독일어, 노르웨이어와 함께 게르만어군에 속하며, 게일어, 아이랜드어, 웨일스어는 켈트어군에 속한다.

(1) 인구어 계통도

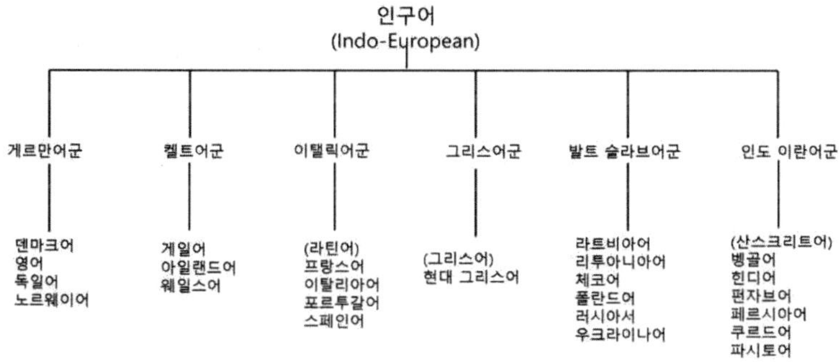

영어의 단어에 많은 영향을 준 프랑스어는 이탈리아어, 포르투갈어, 스페인어와 함께 이탤릭어군(Italic)에 속한다. 즉, 영어는 언어 계통적으로 웨일스어, 게일어, 스페인어, 프랑스어보다 독일어나 덴마크어와 유사한 언어라는 것을 알 수 있다. (1)의 계통도는 게르만어군, 켈트어군, 이탤릭어군과 함께, 발토슬라브어군(Balto-Slavic), 인도이란어군(Indo-Iranian)도 인구어에 속함을 보여준다.

이러한 언어의 계통도는 언어들 간의 기본적인 단어들의 형태를 비교 연구하여 만들어진다. 예를 들어, (2)에서 보여주듯이, 산스크리트어, 라틴어, 고대그리스어의 '아버지(father)'와 '형제(brother)'라는 단어의 형태를 보면 이들 언어들 사이에 연관성이 있음을 알 수 있다.

(2) 동족어

	산스크리트어	라틴어	고대그리스어
father	pitar	pater	patet
brother	bhrātar	frāter	phrāter

'father'에 해당하는 단어가 산스크리스트어에서는 ' pitar,' 라틴어에서는 'pater,' 고대그리스어에서는 'patet'로 서로 다른 언어임에도 불구하고, 단어들이 상당한 유사성을 가지고 있다. 이런 어휘 비교 연구를 통해서 이들의 언어가 전혀 다른 별개의 언어가 아니라 시간을 거슬러 올라가면 하나의 '조상어(parent language)'에서 분파되었다고 추론하는 것이다. 이러한 어휘 비교 연구를 통해서 언어의 계통도가 만들어진다. 여기서 어원적으로 연관된 유사한 단어들을 동족어(cognate)라고 한다.

【연습문제】

A. 맞는 것을 고르시오.

1. 영어는 인구어에 속하며, 인구어 중에서도 (켈트어군/게르만어군/이탤릭어군)에 속한다.
2. 어원적으로 연관된 유사한 단어들을 (조상어/동족어)라고 한다.

9.3 영어의 변화

언어는 끊임없이 변화하지만 언어를 사용하는 사람들은 이런 변화를 인지하기는 쉽지 않다. 영어도 그 시작부터 지금까지 지속적으로 변화해왔다. 특히 특정 시기에 일어난 사회적 변화의 영향으로 때로 급격한 변화를 겪으면서 오늘날의 영어로 발전해왔다. 학자들은 언어학적으로 영어를 고대영어, 중세영어, 현대영어로 구분하여 영어의 변화를 설명한다. 학자에 따라 이견이 있지만, 일반적으로 고대영어(Old English)는 450년에서 1100년, 중세영어(Middle English)는 1100년에서 1500년, 현대영어(Modern English)는 1500년에서 현재까지로 본다. 이 시기 구분은 언어에 영향을 준 역사적 사건에 근거한다.

(3) 영어의 시기 구분

	시기	사건
고대영어	450년-1100년	449년 앵글족, 색슨족, 주트족 영국 입도
중세영어	1100년-1500년	1066년 노르만 프랑스의 영국 정복
현대영어	1500년-현재	1475년 인쇄술의 발명

고대영어는 앵글족, 색슨족, 주트족이 영국에 들어와서 그들의 언어인 영어를 사용하기 시작한 해인 449년에 근거하여 450년을 고대영어의 시작이라고 본다. 중세영어의 시작은 1100년이라고 보는 근거는, 1066년

프랑스의 윌리엄공이 영국을 정복(Norman Conquest)하고 그 후 200년간 영국을 통치하게 되는데, 이러한 역사적 사건이 영어에 큰 변화를 가져왔기에 1100년을 중세영어의 시작 시기라고 본다. 현대영어는 인쇄술이 발명된 시기인 1476년에 근거한다. 인쇄술의 발명은 영어의 표준화에 큰 영향을 주었기에 이 시기부터 현대영어라고 구분하는 것이다.

【연습문제】

1. 고대영어, 중세영어, 현대영어의 시작을 알리는 사건과 시기를 쓰시오.

9.4 고대영어

게르만족의 후손인 앵글족, 색슨족, 주트족이 영국에 들어오기 이전에 영국(Britain)에는 켈트족이 살고 있었다. 이들은 기원전 47년부터 기원후 410까지 로마군의 정복과 통치를 받았으며, 로마군이 철수하자 내분이 일어나서 게르만족에게 지원을 요청하였고, 449년부터 덴마크와 독일북부지역에 살던 주트족, 색슨족, 앵글족이 차례로 영국에 입도하게 되었다. 내분은 끝났지만, 이 세 종족은 그들의 땅으로 돌아가지 않았고, 영국 땅에 정착하면서 그들의 언어를 English 라고 그들의 나라를 England라고 부르게 되었다. 이 세 종족의 정착이 곧 고대영어(Old English)의 시작을 뜻한다.

게르만계인 이들은 자신들이 살던 땅보다 살기 좋은 영국에 정착하기 위해서 본래 거주하던 켈트인을 콘월과 웨일스로 쫓아낸다. 주트족은 지금의 켄트(Kent) 지역에 정착하고, 색슨족은 템스 강 남쪽 지역에 정착하였으며, 앵글족은 템스 강 이북에서 스코틀랜드 고지대까지 차지하였다. 앵글족이 가장 넓은 지역을 차지하였고 강성하였다. 지금의 영국 이름이 England가 되고, 언어 이름이 English가 된 것도 앵글족이 상대적으로 강성하였기 때문이다.

오늘날의 영어는 단어의 70%가 차용어(borrowing)로 이루어져 있는 반면, 고대영어는 극소수(3%)의 차용어를 가지고 있었다. 그 소수의 차용어 중 대부분은 라틴어였다. 이는 6세기 무렵 영국에 기독교가 들어오고, 초기 기독교 선교사들이 글을 읽고 쓰는 것을 전파하였으며, 종교 서적이 라틴어로 쓰였기 때문이다. 당시 유입된 라틴어 차용어로는 'alter,' 'angel,' 'nun,' 'temple,' 'demon' 등 대부분 종교와 관련된 단어들이었다.

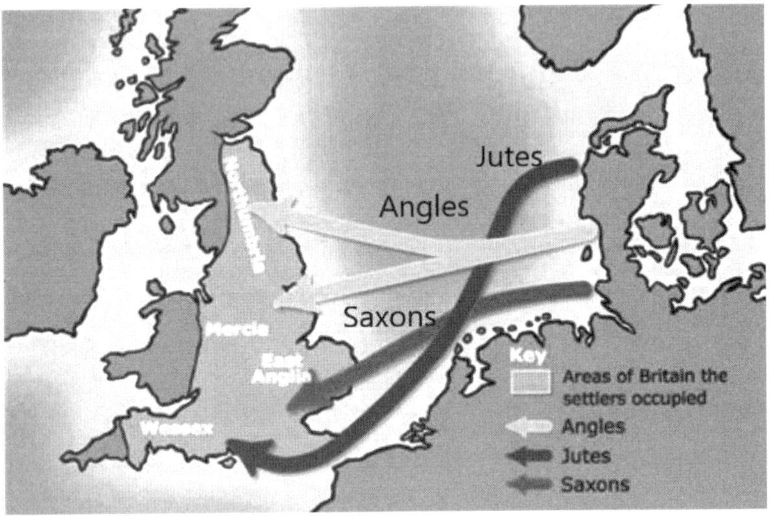

<그림1> 앵글, 색슨, 주트의 이동 경로와 정착지

9세기부터 11세기까지 현재의 덴마크, 노르웨이, 스웨덴 지역에 거주하던 스칸디나비아 바이킹(Scandinavian Vikings)들이 영국을 침입하여 약탈하고, 이후 영국의 북동부 지역을 점령했고, 한 때는 대부분의 영국 땅을 점령하기도 했다. 이들 바이킹들이 사용하는 언어도 게르만어군에 속한 자매언어(sister language)여서 서로 어느 정도 의사소통이 가능하였다고 한다. 이런 두 언어 간의 유사성으로 인해 일상적인 단어들이 영어로 유입되게 된다. 이때 유입된 스칸디나비아어의 단어들로 'are,' 'die,' 'leg,' 'want,' 'both,' 'get,' 'give,' 'they' 등이 있다.

9.5 중세영어

1066년에 프랑스 노르만(Normandy) 지역의 통치자인 윌리엄공은 영국의 왕위 계승권을 주장하여 영국을 침공하여 영국 왕을 죽이고 영국 왕으로 즉위한다. 이 사건을 노르만정복(Norman Conquest)이라고 부른다. 이를 기준하여 1100년부터 중세영어(Middle English)dml 시작이라고 한다.

윌리엄과 그 신하들은 모두 프랑스어를 사용했고, 프랑스어는 영국 지배층의 공용어가 되었다. 프랑스어는 법률과 행정의 공식 언어가 되었고, 프랑스 문화가 유행하였다. 프랑스의 통치는 200년간 지속되었고, 영어에 지대한 영향을 주었다. 중세영어 시기에 들어온 프랑스 차용어가 10,000여 개로 추정되고, 이 단어들은 새로운 프랑스 문명과 함께 유입되어 사용되었다. 대표적인 단어들로 'noble,' 'liberty,' 'government,' 'arrest,' 'judge,' 'prison,' 'beef,' 'lettuce,' 'mutton,' 'pork,' 'sausage,' 'dress,' 'jewel,' 'art,' 'beauty,' 'romance' 등이 있다.

중세영어 시기에는 책을 쓰는 필경사(scribes)들이 대부분 노르만 프랑스인들이었다. 이런 영향으로 고대영어의 철자법이 중세영어에 와서 프랑스식 철자법으로 바뀌게 되는 결과를 가져왔다. (4)의 표는 프랑스어에 영향을 받은 중세영어의 새로운 철자(sh, gh, ch, wh, qu, ou)를 보여준다: 고대영어 'sc'는 중세영어에서 'sh'로 바뀌어, 'scip'이 'ship'으로 철자되었다; 고대영어 'h'는 중세영어에서 'gh'로 바뀌어 'riht'는 'right'로 철자되었다; 고대영어에서 [ʧ]로 발음되는 'c'는 중세영어에서 'ch'로 바뀌어 'cin'이 'chin'으로 철자되었다; 고대영어 'hw' 철자는 중세영어에서 wh로 바뀌어

'hwet'가 'what'으로 철자되었다; 고대영어 'cw' 철자는 중세영어에서 'qu'로 바뀌어 'cwen'가 'queen'으로 철자되었다; 고대영어에서 장모음인 'u '철자는 중세영어에서 'ou'로 바뀌어 'hus'가 'house'로 철자되었다

(4) 철자 변화

	고대영어	중세영어
sc --> sh	scip	ship
h --> gh	riht	right
c --> ch	cin	chin
hw --> wh	hwet	what
cw --> qu	cwen	queen
u --> ou	hus	house

【연습문제】

A. 맞는 것을 고르시오.

1. 고대영어는 기독교의 유입으로 (켈트어/라틴어)의 영향을 받았다.
2. 9세기부터 바이킹의 침입으로 영어에 (스칸디나비아어/프랑스어) 차용어가 유입되었다.
3. 중세시대에 (프랑스어/노르웨이어)가 영국의 행정언어, 공식 언어가 되었다.

9.6 현대영어

중세영어(Middle English)와 현대영어(Modern English)를 구분하는 기점 1500년은 1476년 윌리엄 캑스턴(William Caxton)의 인쇄술 발명을 기준으로 한다. 인쇄술(printing press)의 발명은 영어 철자법을 표준화하는 발판이 되었다. 손으로 책을 쓰던 시대에는 지역에 따른 철자법이 다양했으나, 인쇄술로 인해 한 가지 철자 규칙을 사용한 방대한 양의 책을 만들어낼 수 있게 되었고 영어의 철자법의 표준화가 가능해진 것이다.

16세기에 유럽은 문예부흥(Renaissance)으로 새로운 개념과 새로운 기술이 나타나고, 예술과 과학이 번성하고, 세계로의 탐험이 시작되었다. 학문은 인쇄술에 힘입어 더욱 부양되었고, 많은 사람들이 책을 쉽게 구할 수 있게 되었다. 이런 문예부흥의 결과로 영어에는 수많은 유럽 언어 –프랑스어, 이태리어, 스페인어 등–의 단어들이 유입되었다. 특히, 대부분의 문학, 과학, 종교 서적들은 라틴어로 쓰여 졌기 때문에 7000여개의 라틴어가 책을 통하여 이때 영어에 들어왔다. 대표적인 라틴어 차용어로 'benefit,' 'exist,' 'obstruction,' 'relevant,' 'virus,' 'fact,' 'impersonal,' 'exact,' 'eradiate' 등이 있다.

영어에 유입되는 프랑스어는 중세 말부터, 라틴어는 17세기 말부터 줄어들었다. 프랑스어는 중세 말부터 더 이상 영국의 공식 언어가 아니었고, 영어가 행정의 언어로 자리했다. 또한 17세기 말부터는 영어가 라틴어를 대신해 학문을 전달하는 언어가 되었고, 나아가 영어는 국제어가 되었다.

16세기와 17세기에 유입된 다양한 유럽 언어로 인해 영어의 철자법이 더 혼란스러워지자, 1755년에 철자의 표준을 위해서 존슨 박사(Dr.

Johnson)에 의해 사전(dictionary)이 등장하게 되었다. 인쇄술과 함께, 사전의 등장은 영어의 혼란스러운 철자를 표준화한다. 그 후, 올바른 철자의 사용은 교육받은 사람의 척도가 되었다.

고대영어의 철자법에서는 하나의 철자가 하나의 소리를 나타내었다. 즉, 영어는 소리 글자였다. 하지만, 오늘날의 영어의 철자는 발음과 일대일 대응 관계가 아니다. 하나의 철자가 여러 가지 소리를 나타내기도 하고, 하나의 소리가 여러 가지 철자로 나타나기도 한다. 이러한 변화를 가져온 요인들 중 하나가 초기현대영어에서 일어난 대모음추이(Great Vowel Shift) 현상이다.

대모음추이는 대략 1400년부터 1650년에 걸쳐 발생한 모음의 발음 변화로 모든 영어 장모음이 한 단계 상승하여 발음된 것이다. 이는 200여년에 걸쳐 점차적으로 연쇄적으로 발생한 발음의 변화였다. 하지만 이러한 발음의 변화가 15세기에 나타난 인쇄술로 인해 이미 고정되어진 영어 철자를 바꾸지는 못하였다. 즉, 발음을 나타내기 위해서 만들어진 영어 철자가 이 시기에 고정이 되어 발음의 변화를 반영하지 못한 것이다. 이런 이유로 오늘날 영어의 철자와 발음의 관계가 단순하지 않게 되었다.

【연습문제】

1. 현대영어에서 프랑스어와 라틴어의 차용이 줄어든 이유는 무엇인가?

9.7 영어의 철자와 소리 변화

영어의 철자는 소리를 나타내기 위해서 사용되기 시작했지만, 시간이 지나면서 다양한 변화를 거쳐 현재처럼 복잡한 체계를 가지게 되었다. 고대 영어에서는 영어 단어는 소리 나는 그대로 철자되었다. 예들 들어, 현재의 'two'라는 단어는 'twa'라고 철자되었으며 [twa]라고 발음되었으며, '길다'라는 'long'이라는 단어는 'lang'라고 철자되었으며 발음은 [lang]이었다. 오늘날 'sword'의 's', 'walk'의 'l', 'know'의 'k' 철자는 발음이 되지 않는 묵음이지만, 고대영어에서는 모두 발음이 되었다.

고대영어 초기에는 게르만어 문자인 룬(Rune)을 사용하여 소리를 나타냈으나, 이후 6세기 기독교의 유입과 함께 들어온 로마자(Roman alphabet)를 사용하여 소리를 나타냈다. 당시 로마자는 23개로 영어의 소리를 나타내기에는 수적으로 부족하여, 일부 룬 문자를 사용하기도 했고, 또는 문자 2개를 붙여 이중글자(diagraph)를 사용하여 하나의 소리를 나타내기도 하였다.[8] (5)에서 보면, 초기 로마자에는 없었던 <w>문자를 룬문자 <ᚹ>을 가져와 사용하였으며, [ʃ] 소리를 나타낼 문자가 부족하여 이중글자 <sc>를 가져와서 사용하였다.

(5) 고대영어

a. 룬 <ᚹ>: 초기 로마자에는 w가 없어서 wet의 첫 소리를 <ᚹ>로 철자함.

b. 이중글자 sc: [ʃ] 소리를 나타내기 위해서 이중글자 sc를 사용함.

---

8) 초기 로마자에는 J, U, W 제외한 A, B, C, D, E, F, G, H, I, K, L, M, N, O, P, Q, R, S, T, V, X, Y, Z 23개가 있었다.

이러한 고대영어의 철자법은 (4)에서처럼, 중세영어에 와서는 프랑스어 철자법의 영향으로 'sh,' 'gh,' 'ch'와 같은 이중글자가 늘어났으며, 장모음 [u:]를 'ou'로 철자하기 시작했다.

초기현대영어에 와서는 16세기 문예부흥과 함께 고전어인 라틴어와 그리스어에 대한 관심이 높아지면서, 이 고전어가 어원인 단어들의 본래 철자에 따라 영어 단어를 재철자하였다. 예를 들어, 'debt,' 'receipt,' 'salmon'의 단어들은 중세영어 시기까지만 해도 소리가 나지 않는 'debt'의 'b', 'receipt'의 'p', 'salmon'의 'l'은 철자되지 않았다. 하지만 라틴어의 철자를 따라서 16세기에 추가된 것이다. 이러한 어원재철자(etymological respelling)도 영어의 발음과 철자의 괴리를 심화시킨 요인이다.

(6) 어원재철자

중세영어	현대영어
dette	debt
receite	receipt
samon	salmon

영어의 철자와 발음의 괴리를 가져온 주요한 요인은 앞서 언급되었던 '대모음추이(Great Vowel Shift)'이다. 이 현상은 영어의 장모음이 한 단계 상승하여 발음되며, 고모음은 이중모음화하는 현상이다. 저모음은 중모음으로, 중모음은 고모음으로, 고모음은 이중모음으로 발음된다. 대모음추이의 발음 상승을 도식화 하면 아래 <그림 1>과 같다.

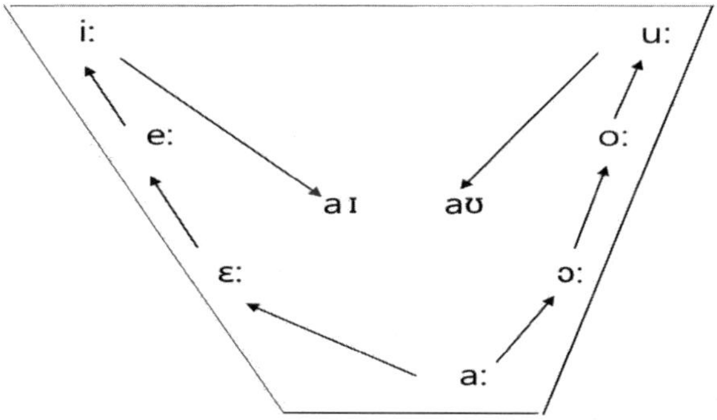

<그림 1> 대모음추이

(7)은 대모음추이 적용을 받은 예시를 보여준다. 고상모음을 가진 'find'는 [fi:nd]에서 이중모음화한 [faɪnd]로, 중장모음을 가진 'meet'는 [mɛ:t]에서 고모음로 상승하여 [mi:t]라고 발음되게 되었다. 저장모음을 가진 'name'은 [na:mə]에서 중모음으로 상승하여 [neɪm]이라고 발음되게 되었다. (7)에 명시된 단어뿐만 아니라 모음 장모음을 가진 단어들이 이 현상을 통해 모음이 상승하거나 이중모음화하는 변화를 거쳤다.

(7) 대모음추이

	1400	현재
find	[fi:nd]	[faɪnd]
meet	[mɛ:t]	[mi:t]
name	[na:mɔ]	[neɪm]
house	[hu:s]	[haʊs]
goose	[go:s]	[gu:s]

9.8 영어 단어의 변화

영어의 변화에서 가장 두드러진 특징 중의 하나가 여러 언어들로부터 단어를 차용한 것이다. 현재 영어 단어의 70%가 차용어(borrowing)라는 것이 이를 보여준다. 앞서서 고대영어 시기에는 라틴어, 스칸디나비아 바이킹 언어에서 단어가 차용되었으며, 중세영어에 와서는 프랑스어에서 10,000여개의 단어가, 이어서 중세 말, 초기현대영어에 이르러서는 라틴어와 함께 다양한 유럽의 언어들이 유입이 되었음을 보았다. 후기현대영어에 와서는 영어가 국제어가 되면서 여러 언어들과 접촉하게 되었고, 이 과정에서 스와힐리어(safari), 아랍어(sofa), 일본어(sushi), 한국어(kimchi) 등 세계 전역의 언어들로부터 차용어가 유입되었다. 하지만 차용어 이외에도 파생, 합성, 혼성, 전환, 축약, 기능 전환 등의 다양한 방법으로도 영어 단어는 확장되었다.

영어의 역사적 변천 과정에서 단어의 확장과 더불어 영어 단어의 의미 변화도 관찰된다. 단어의 형태는 같지만 시간이 지나면서 단어의 의미가 변화하는 것이다. 이러한 의미변화(semantic change)는 의미축소, 의미확대, 의미격상, 의미격하로 나누어 설명할 수 있다.

(8) 의미변화

의미축소	meat hound	음식(food) → 육고기 개 → 사냥개
의미확대	business holiday	활동적인 상태 → 사업, 관심, 무역 종교 축제 → 휴가
의미격상	pretty knight	교활한 → 예쁜 하인 → 기사
의미격하	awful artificial	멋진 → 끔직한 예술적인 → 인공적인

(8)에서 보듯이, 의미가 축소되었다고 분류되는 대표적인 단어로 'meat'와 'hound'가 있다. 'meat'는 본래는 모든 종류의 '음식(food)'을 뜻하였지만 의미가 좁아져서 현재는 음식 중에서 '육고기'만을 의미한다. 'hound'는 현재 '사냥개'의 의미로 사용되지만, 과거에는 일반적인 '개'를 모두 뜻하는 단어였다. 의미가 확대된 예로 'business'와 'holiday'가 있다. 'business'는 '활동적인 상태'라는 한 가지 뜻으로 사용되었지만, 현재는 '사업, 관심, 무역' 등 다양한 의미로 사용되며, 'holiday'는 '종교적인 축제'만을 의미하다가 모든 종류의 '휴가'라는 넓은 의미로 사용되고 있다.

의미격상이 적용된 단어로는 'pretty'와 'knight'가 있다. 'pretty'는 과거 '교활한'이라는 부정적인 의미였는데 현재는 '예쁜'이라는 긍정적인 의미로 쓰이며, 'knight'도 '하인'에서 '기사'로 그 의미가 좋아졌다. 반면에, 단어의 의미가 나빠지기도 하는데, 'awful'과 'artificial'이 그 예이다. 'awful'은 'awe'에서 파생되어 '경탄스러운, 멋진'이라는 뜻에서 현재는 '끔직한'이라는 부정적인 의미로, 'artificial'은 'art'에서 파생되어 '예술적인'이라는 의미에서 '인공적인'이라는 의미로 격하되었다고 본다. 이렇게 단어의 의미도 역사적으로 변화한다.

【연습문제】

1. 영어의 발음과 철자의 괴리를 심화한 요인이 아닌 것은 무엇인가?

   a. 어원재철자　　　　　b. 차용어

   c. 대모음추이　　　　　d. 의미변화

2. 1400년에서 1650년 사이에 나타난 (　　　　　) 현상은 영어의 장모음이 한 단계 상승하여 발음되고, 고모음은 이중모음이 되는 현상이다.

3. 영어에서 의미 변화를 겪은 단어를 2개 찾아 쓰고, 어떤 변화가 있었는지 설명하시오.

9.9 영어의 통사적 변화

고대영어와 현대 영어의 문장 구조에서의 가장 큰 차이점 중의 하나는 어순(word order)이다. 현대영어에서는 주어-동사-목적어의 어순으로 고정되어 있지만, 고대영어의 어순은 자유롭다. 목적어가 동사 앞에 오기도 하고, 주어가 동사 다음에 나타나기도 한다.

(9) 고대영어 어순

a. 주어 동사 목적어	Se guma syhð þone huntan
	The man sees the hunter.
b. 주어 목적어 동사	Se guma þone huntan syhð
	The man the hunter sees.
c. 목적어 주어 동사	þone huntan Se guma syhð
	The hunter the man sees.

(9)에 나타난 세 개의 고대영어 문장은 모두 고대영어에서 허용되어 기록에 남아있는 문장들이다. (9a)에서는 주어 'Se guma (the man)'가 문장 첫 머리에 오고, 다음은 동사' syhð, (sees)' 마지막에 목적어 'þone huntan (the hunter)'이 와서 현대영어과 같은 어순을 보여준다. 하지만 (9b)에서는 주어가 처음에 위치하나 동사 'syhð'가 문장 끝에 나타나며, 목적어인 'þone huntan'은 주어와 동사 사이에 자리한다. 즉, 목적어가 동사 뒤에 위치한다는 현대영어의 규칙에 어긋나는 어순임에도 고대영어에서는 관찰된다. 또 다른 문장인 (9c)에서는 목적어인 'þone huntan'이

문장의 첫머리에 오고, 다음에 주어인 'Se guma'가, 마지막에 동사가 위치한다. (9)의 각기 다른 어순을 가진 세 문장이 모두 고대영어에서는 자유롭게 허용되었다. 현대영어의 고정된 어순과는 상당한 차이점이 있다.

고대영어에서 단어의 어순이 이렇게 자유로울 수 있는 것은 고대영어는 현대영어에서는 사라진 단어의 굴절(inflection)을 가지고 있었기 때문이다. 현대영어에서는 문장에서 주어인지 목적어인지를 어순을 통하여 표시한다. 즉, 동사 앞에 위치한 명사는 주어가 되고, 동사 뒤에 있는 명사는 목적어가 된다. 예를 들어, (9a)의 'The man'은 동사 앞에 있기에 주어이고, 'the hunter'는 동사 뒤에 있기에 목적어가 된다. 하지만, 고대영어에서는 주어인지 목적어인지는 어순에 의해서가 아니라 단어 끝부분의 형태인 굴절(inflection)에 의해서 나타난다. 예를 들어, '-a'로 끝나는 'guma'는 주어이며, '-an'으로 끝나는 'huntan'은 목적어인 것이다. 만약, 'guman'이면 목적어가 되고, 'hunta'이면 주어가 되는 것이다. 물론, 격에 따른 굴절은 한 가지 유형이 아니라 명사에 따라 6가지 유형이 있으므로 더 복잡하지만, 고대영어에서는 명사 끝의 굴절로 그 명사가 문장에서 주어인지, 목적어인지, 소유격인지를 알 수 있었으므로 문장의 어순은 고정되지 않고 자유로웠다.

고대영어에서는 명사가 주어인지 목적어인지에 따라서 굴절을 달리했을 뿐만 아니라, 소유격, 여격을 포함하여 총 4개의 격에 따라 다른 굴절 형태를 가지고 있었다. 이에 더하여, 명사가 단수, 복수인지에 따라 또 다른 굴절 형태를 가지고 있었다. 즉, 고대영어의 명사는 수와 격에 따라 다른 굴절을 가지고 있었다. 이렇게 복잡한 고대영어의 굴절은 단순화되어 현대영어의 명사에서는 소유격 's와 복수 s만이 존재한다. 하지만, 여전히 명사의 다양한 굴절의 형태를 지니고 있는 것이 '인칭대명사'이다. 예를 들어, 일인칭 인칭대명사는 문장에서 주격, 소유격, 목적격 등 그 쓰임에 따라 각기 'I,' 'my,' 'me'로 다른 형태로 나타나는 명사 굴절을 지니고 있다. 통사적인 측면에서, 영어의 큰 변화라고 하면, 고대영어에서 현대영어로 오면서 굴절이 단순화되고 어순이 고정되었다는 것이다. 여기서는 언급되지 않았지만, 동사의 경우도 고대영어에서는 시제나 인칭에 따라 복잡한 굴절을 가지고 있었으나 점차 사라지고 현대영어에서는 주어가 3인칭 단수일 때의 동사 굴절 '-s'와 과거형 동사 굴절 '-ed'로 단순화되었다.

연습문제

1. 언어 변화의 3가지 요인을 쓰시오.

2. 영어가 속한 어족과 어군을 쓰시오.

3. 영어의 역사적 변화를 보여주기 위해서 고대, 중세, 현대영어로 구분하는데, 이 시기적 구분에 영향을 준 사건을 쓰시오.

4. 영어 단어의 70%는 차용어이다. 영어에 유입된 차용어를 시기적으로 구분하여 그 특징을 쓰시오.

5. 대모음추이 현상에 대해 쓰시오.

6. 어원재철자에 대해 쓰시오.

7. 영어의 역사적 변천과정에서 단어의 의미의 변화도 일어났다. 단어의 의미가 확대, 축소, 격상, 격하된 예를 찾아 쓰고 설명하시오.

8. 영어의 통사적 변화에서 나타난 어순과 굴절의 관계를 설명하시오.

【참고문헌】

구희산, 박희석. 2007. 『영어학 입문』. 경문사.

김영석. 2008. 『영어음성학·음운론』. 종합출판.

신인철. 2004. 『영어학개론』. 한국문화사.

안미진. 2019. 『영어음성음운론의 이해』. 배재대학교 출판부.

윤관희, 이민경. A. Cohn. 2017. 『영어 음성학 및 음운론의 기초』. 대구대학교 출판부.

이헌구 외 2인. 2016, 『영어학 갈라잡이』. 한국문화사.

전상범. 1998. 『영어학개론』. 한국문화사.

전상범. 2004. 『음운론』. 서울대학교 출판부.

전상범. 2005. 『영어음성학개론』. 을유문화사.

홍성심 외 3인. 2006. 『영어학 강의』. 한국문화사.

황보영식. 2017. 『영어학 입문』. 한빛문화.

Algeo, J. 2010. *The Origins and Development of the English Language.* Boston, MA: Wadsworth Cengage Learning.

Baker, C. L. 1995. *English Syntax* (2nd edition). Cambridge, MA: The MIT Press.

Borden, G. L., and K. S. Harris. 1984. *Speech Science Prime.* Lippincott Williams and Wilkins.

Brown, K and J, Miller. 1991. *Syntax: A linguistic Introduction to Sentence Structure* (2nd edition). Routledge.

Carr, P. 2013. *English Phonetics and Phonology,* Willey-Blackwell.

Carstairs-McCarthy, A. 2002. *An Introduction to English Morphology.* Edinburgh University Press.

Chomsky, N. and M. Halle. 1968. *The Sound Pattern of English.* Cambridge: MIT Press.

Clark, J. and C. Yallop. 1995. *An Introduction to Phonetics and Phonology.* Oxford: Blackwell.

Coates, R. 1999. *Word Structure.* Routledge.

Collins, B. and I. M. Mees. 2003. *Practical Phonetics and Phonology.* London and New York: Routledge.

Cruse, A. 2004. *Meaning in Language* (2nd edition). Oxford University Press.

Culpeper, J. 2015. *History of English* (3rd edition). Routledge.

Denham, K. and A. Lobeck. 2012. *Linguistics for Everyone: An Introduction* (2nd edition). Cengage Learning.

Duanmu, S. 2008. *Syllable Structure.* Oxford University Press.

Duran, E. and G. Ozón. 2013. *English Words and Sentences: An Introduction.* Cambridge University Press.

Everett, D. 2012. *Language: The Cultural Tool.* Vintage.

Frawley, W. 1992. *Linguistic Semantics.* Lawrence Erlbaum.

Fromkin, V., & R. Rodman. 1998. *An Introduction to Language* (6th edition). Orland, FL: Harcourt.

Hauser, M. 1996. *The Evolution of Communication.* MIT Press.

Hockett, C. 1960. The Origin of Speech. *Scientific American* 203:89-96.

Hudson. G. 2000. *Essential Introductory Linguistics.* Blackwell.

Hurford, J., B. Heasley and M. Smith. 2007. *Semantics: A Coursebook* (2nd edition). Allyn and Bacon.

Janson, T. 2002. *Speak: A Short History of Languages*. Oxford University Press.

Jespersen, O. 1922. *Language Its Nature, Development and Origin*. Macmillan.

Katamba, Francis. 1993. *Morphology*. Macmillan Press.

Klatt, D. 1975. Voice Onset Time, Frication and Aspiration in Word-initial Consonant Clusters. *Journal of Speech and Hearing Research* 18, 686-706.

Kuiper, K. and W. S. Allan. 2017. *An Introduction to English Language*. Springer.

Labov, W. 2001. *Principles of Linguistic Change: Social Factors*. Blackwell.

Ladefoged, P. 2001. *Vowels and Consonants*. Oxford: Blackwell.

Ladefoged, P. 2006. *A Course in Phonetics*. Boston: Thomson/Wadsworth.

Lieber, R. 2004. *Morphology and Lexical Semantics*. Cambridge University Press.

Loritz, D. 1999. *How the Brain Evolved Language*. Oxford University Press.

McMahon, A. 1994. *Understanding Language Change*. Cambridge University Press.

Meyer, C. F. 2009. *Introducing English Linguistics*. Cambridge

University Press.

Parker, F., & K. Riley. 2000. *Linguistics for Non-Linguists* (3rd edition). Needham Heights, MA: Allyn & Philosophy.

Pinker, S. 1994. *The Language Instinct*. New York: William Morrow.

Radford, A. 1988. *Transformational Grammar*. Cambridge University Press.

The Ohio State University , Dept. of Linguistics. 1998. *Language Files* (7th Edition).

Yule, G. 2014. *The Study of Language* (5th edition). Cambridge University Press.

찾아보기

(ㄱ)

(ㄴ)

(ㄷ)